Tobe Hooper
Von Kettensägenmassakern, Poltergeistern und
Weltraumvampiren

Peter Osteried

Inhalt

Vorwort

Vor mehr als 40 Jahren lehrte Tobe Hooper dem Kinopublikum – und Zensoren überall auf der Welt – mit **Texas Chainsaw Massacre** das Fürchten.

Darauf baute er eine florierende Karriere auf, aber keiner seiner weiteren Horrorfilme konnte an die Qualität dieses Erstlings anschließen – noch nicht mal das erste Sequel, das er selbst zwölf Jahre später präsentierte.

Dennoch hat er einige Filme inszeniert, die in Fankreisen noch immer sehr beliebt sind: der Terrorstreifen **Eaten Alive**, der Weltraumvampir-Schocker **Lifefore** oder das Geisterspektakel **Poltergeist**.

Seinen Platz im Pantheon des Genres hat er sich damit mehr als erobert. Filme von der Kraft seines Kettensägenmassakers gibt es schließlich nur wenige …

Tobe Hooper – Herr der Kettensägen

Die Geschichte von Tobe Hooper ist auch die Geschichte von **Texas Chainsaw Massacre (Blutgericht in Texas,** 1974). Und es ist die Geschichte eines Films, der im Kino und auf Video gigantische Erfolge feierte, seinen Machern aber nur ein bescheidenes Salär erlaubte, für das man auch noch Jahrelang streiten musste. Es ist die Geschichte Hollywoods und zeigt, wie hoffungsfrohe Filmemacher über Jahre hinweg hingehalten werden, während mit ihrem Werk Millionen gescheffelt werden.

Für Hooper, Jahrgang 1943, war **Texas Chainsaw Masssacre** der erste richtige Film. Zwar hatte er schon 1969 einen eigenen Film gemacht, aber **Eggshells** fand nie einen Distributor und ist darum auch heutzutage kaum bekannt. **Eggshells** war ein merkwürdiger Film, den Tobe Hooper am besten selbst erklärt: „Es ist ein Film über das Jahr 1969, ein wenig verité, aber durchdringender. Improvisation gemixt mit Magie. Es ging um den Anfang vom Ende der Subkultur. Der größte Teil des Films spielt in einer Kommune. Doch die einzelnen Mitglieder wissen nicht, dass im Keller des Hauses eine kryptoembryonische hyperelektrische Präsenz lebt, die beginnt, das Haus und dessen Bewohner zu beeinflussen."

Bei den Dreharbeiten lernte Hooper auch Kim Henkel kennen, der für die Hauptrolle engagiert worden war – Geld bekam er eh keins, aber die Erfahrung war viel wert. Zudem wurde noch während des Drehs das Skript umgeschrieben, woran auch Henkel beteiligt war. Und beide Männer wurden Freunde, woraufhin sie begannen, gemeinsame Drehbücher zu schreiben.

Hooper und Henkel suchten nach einer guten Geschichte, einer erschreckenden Geschichte – und sie dachten an einen Horrorfilm. Zum einen, weil Hooper ein Fan des Genres war, aber den Schrecken vermisste, den ihm Horrorfilme früher einzujagen pflegten, zum anderen, weil das Genre noch am Erfolg versprechendsten war. Hooper und Henkel verbrachten sechs bis acht Wochen mit der Arbeit an dem Drehbuch. Sie schrieben nachts, mussten beide doch tagsüber noch Geld verdienen. Henkel pflegte, nach dem Abendessen zu Hooper zu gehen und gemeinsam ging es dann los. Sie wussten immer dann, dass sie etwas Gutes in Händen hatten, wenn Henkels Texte Hooper auch belustigen konnten, denn beide wollten nicht nur Schrecken, sondern auch ein wenig Spaß in ihrem Film haben.

Texanischer Horror

Die frühen 70er Jahre waren der perfekte Nährboden für Hooper und Henkels Idee. Und nirgendwo war die Chance, sie umzusetzen, greifbarer als in Austin, Texas. 1971 gründete Gouverneur Preston Smith, der einst selbst eine Kinokette besessen hatte, die Texas Film Commission, deren Ziel es war, eine dynamische Filmindustrie in Texas zu erschaffen, die dem Staat Millionen an zusätzlichen Dollars bringen sollte. Einer derjenigen, die im Aufsichtsrat saßen, war Bill Parsley, der später der ausführende Produzent und größter Finanzier von **Texas Chainsaw Massacre** werden sollte.

Kernstück der Initiative war die Universität von Texas in Austin. Dort entwickelte sich eine kleine, aber aufstrebende Filmgemeinde von Studenten, die alle den Traum träumten und versuchten, diesen zu verwirklichen.

Viele machten Dokumentarfilme, Industriefilme oder kleine Werbefilme – einer jedoch stach aus der Masse heraus: Tobe Hooper. Denn er hatte bereits einen eigenen richtigen Film gemacht. Hooper und Henkel hatten die Idee für **Leatherface**, wie der Film zuerst heißen sollte. Er war nicht nur von der Geschichte des Killers Ed Gein inspiriert, sondern auch von einem Vorfall, der sich außerhalb von Austin abgespielt hatte. Ein Mann hatte mehrere Menschen getötet, ihre Körper zermahlen und als Dünger für seinen Garten benutzt.

Während sich beide daranmachten, Cast und Crew zusammenzustellen, was angesichts des Talentpools von Austin und Hoopers Ruf recht leicht war, mussten sie sich auch um die weit schwierigere Aufgabe der Finanzierung kümmern. Sie wandten sich an die Texas Film Commission und deren Direktor Warren Skaaren, der Parsley von dem Projekt berichtete. Und Parsley war interessiert. Er hatte zwar noch nie in einen Film investiert, aber er hatte schon in so gut wie jedem anderen Geschäftsfeld, das in Texas erfolgreich war, seine Finger im Spiel gehabt. Parsley war ein harter Verhandlungspartner. Er erklärte sich bereit, 60.000 Dollar einzubringen, forderte aber 50% der Rechte am Film. Sollte mehr Geld benötigt werden, so mussten Hooper und Henkel dieses auftreiben.

Konnten sie das nicht, fielen sämtliche Verwertungsrechte an dem Film in Parsleys Hände. Hooper und Henkel gründeten eine eigene Firma, Vortex Inc., mit der sie die restliche Finanzierung stemmen wollten. Es gelang ihnen, praktisch alle Cast- und Crewmitglieder zu überzeugen, auf ein Honorar zu verzichten. Stattdessen erhielten sie so genannte Points, das heißt prozentuale Beteiligungen am Gewinn des

Films. Was beide jedoch vergasen, war, ihren Kollegen zu erzählen, dass Vortex nur die Hälfte der Rechte an **Texas Chainsaw Massacre** hielt, die Points sich dementsprechend also halbierten.

Parsley selbst hatte die Firma MAB Inc. gegründet, mit der er seine 60.000 aufbrachte. Allerdings war er nicht allein, insgesamt 20.000 Dollar kamen von Kim Henkels Schwester, dem Anwalt Robert Kuhn und dem später als Drogendealer überführten Richard Saenz. Mit der stehenden Finanzierung konnte man endlich mit dem Drehen beginnen, aber große Spielräume blieben nicht, denn auch in den frühen 70er Jahren war das Budget für einen Film schon sehr bescheiden.

Die Dreharbeiten dauerten 32 Tage und stellten für alle Beteiligten eine Belastungsprobe dar. An manchen Tagen wurden 22 Stunden gedreht, an anderen war die Hitze so groß, dass der eine oder andere glaubte, einen weiteren schlauchenden Drehtag nicht zu überleben. Hinzu kamen wahre Unannehmlichkeiten wie die Kluft von Gunnar Hansen, der Leatherface spielte. Es gab nur eine Montur für ihn, die man aus Furcht, sie zu verlieren und nicht ersetzen zu können, niemals wusch, was zusammen mit der drückenden Hitze dafür sorgte, dass Hansen bald einen Odem wie ein Bär verströmte und die Leute schlagartig die Flucht ergriffen, wenn er in ihre Nähe kam.

Die Kameraarbeit übernahm Daniel Pearl, der als einer der wenigen diesen Film nutzen konnte, um eine echte Karriere zu starten. Und fast 30 Jahre später war er der Chefkameramann für das gleichnamige Remake. Für die Props war Bob Burns zuständig, dessen erste Amtshandlung es war, nach einem Hundekadaver zu suchen, der als Roadkill am Anfang des Films zu sehen

NON E' SOLO UN FILM! NON E' SOLO UN FILM! NON E' SOLO UN FILM!

E' REALMENTE ACCADUTO!

MARILYN BURNS - GUNNAR HANSEN

NON APRITE QUELLA PORTA

con PAUL A. PARTAIN - WILLIAM VAIL - EDWIN NEAL - JOHN DUGAN - sceneggiatura KIM HENKEL
prodotto e diretto TOBE HOOPER - una produzione BRYANSTON PICTURES NEW YORK - EASTMANCOLOR

sein sollte. Einen solchen konnte er nicht auftreiben, aber er fand die Replik eines Gürteltiers, die benutzt wurde. Noch Jahre später konnte Burns nur den Kopf schütteln, wenn er daran dachte, dass sie soviel Glück hatten, am ersten Drehtag am Straßenrand ein totes Pferd aufzufinden, das schon im Verwesungsprozess begriffen war. Hooper und Pearl wurde jedoch schon von weitem schlecht und so entschieden sie, darauf zu verzichten. Burns war klar, dass sie einen echten Money-Shot sausen ließen.

Eine Herausforderung war für Burns, mit jeder Menge toter Tiere aufzukommen, die laut Drehbuch im Haus der Saw-Family zu sehen sein sollten. Burns kannte einen Veterinär, von dem er erfuhr, wo die toten, eingeschläferten Tiere entsorgt wurden. Man vergrub sie nicht, sondern schmiss sie einfach in eine tiefe Grube, denn Texas, so Burns, hat jede Menge freies Land. Burns kam also mit Knochen und Kadavern von mehr als zwei Dutzend frisch eingeschläferten Tieren zurück, aber Hooper überkamen Zweifel. Er war sich nicht sicher, ob die Tiere eine gute Idee waren – und so ließ man sie weg.

Dottie Pearl erinnerte sich später, dass sie in jener Nacht die Tiere aufgehäuft und verbrannt haben: „Das ist krank. Das ist ein kranker Film, den wir hier machen. Und er macht uns krank." Die um das Feuer versammelte Crew fühlte sich am Ende, körperlich wie moralisch – die Produktion von **Texas Chainsaw Massacre** begann, jeden anzugreifen, und zwar auf tiefer persönlicher Ebene.

Für die Hauptrolle der überlebenden Blondine wählte man Marilyn Burns, die mit Parsley befreundet war – über die genaue Art dieser Freundschaft darf spekuliert werden, doch Burns saß auch in der Texas Film Commission und die Firma MAB trug ihre Initialen. Burns liefert als Sally eine bemerkenswerte Darstellung ab. Sie schreit sich in dem Film die Seele aus dem Leib und steigerte sich während der Dreharbeiten in eine richtige Hysterie. Als der Film später in die Kinos kam

und zum großen Erfolg wurde, hatte Burns die Chance, es wirklich zu packen, doch ihre Karriere verlief nicht gerade erfolgreich. Sie spielte in dem Charles-Manson-Fernsehfilm **Helter Skelter (Helter Skelter – Die Nacht der langen Messer**, 1976) und war in Hoopers **Eaten Alive (Blutrausch**, 1977) mit dabei. Wie sehr die Karriere den Bach runterging, illustriert der Werbespruch von **Future-Kill (Future Kill – Die Herausforderung**,

1985): Die Stars von **Texas Chainsaw Massacre** kehren zurück. Burns spielt hier an der Seite von Edwin Neal, dem Anhalter. Ironischerweise konnte Neal diesen Film nutzen, um seine Karriere zum Laufen zu bringen. Nach dem Kettensägenmassaker hatte er keine weiteren Filmangebote bekommen, aber mehr als zehn Jahre später kam seine Stunde. Und er ist auch heute noch aktiv, wobei er sehr viel Synchronarbeit macht.

Leatherface wird von dem in Island geborenen Gunnar Hansen gespielt. Er kam per Zufall zu der Rolle, denn eigentlich hatte man sie an jemand anderen vergeben, doch der war sturzbetrunken und nicht drehfähig. Darum wandte man sich an den großen und imposanten Hansen, der das als Sommerjob und spaßige Gelegenheit ansah und zusagte. Hansen drehte danach noch einen Film in den 70er Jahren und wurde erst 1988 wiedergesehen: in **Hollywood Chainsaw Hookers** (**Hollywood Chainsaw Hookers – Mit Motorsägen spaßt man nicht**), in dem er als Kult-Leader abermals die Kettensäge schwingen durfte. Seitdem nutzt Hansen seinen Kult-Status als Star eines der wegweisenden Horrorfilme und spielt in vielen B- und C-Produktionen mit.

Worüber sich während des Drehs kaum jemand Gedanken machte, war die Wirkung des Films. Hooper wollte ihn so realistisch wie möglich haben, von der einstmaligen Vorgabe, auch Witz zu bieten, ist nicht mehr viel geblieben, wenn man nicht bereit ist, ihn auf makabre Art und Weise zu suchen.

Selbst einige der am Film Teilhabenden waren später von seiner Wirkung stark getroffen, so Schauspieler Bill Vail, der ihn in einem New Yorker Kino sah und erschüttert war, als das Publikum

Leatherface und die Seinen bejohlte und anfeuerte. Der Film wurde in vielen Ländern ein Paradebeispiel für Brutalo-Filme. In den USA waren die Kritiker nicht unisono begeistert, aber einige namhafte Autoren erkannten die Klasse des Films, der über pure Exploitation hinausging. Und das New Yorker Museum of Modern Art nahm ihn in seine Sammlung auf. In anderen Ländern wurde der Film derweil beschlagnahmt, so auch in Deutschland – zumindest bis vor kurzem.

Faszinierend ist dabei, dass der Titel irreführend ist, denn es gibt nur einen Mord mit einer Kettensäge und dieser ist suggestiv dargestellt. Wenn der querschnittsgelähmte Franklin von Leatherface getötet wird, nimmt der Zuschauer die Position des Mannes im Rollstuhl ein.

Man sieht, was er sieht – und leidet mit ihm mit, das weit effektiver, als es jeder Splattereffekt sein kann. Die Schlüsselszene des Films, die auch für das weltweite Marketing immer wieder herangezogen wurde, ist der Tod von Pam, die von Leatherface hochgehoben und auf einen Fleischerhaken fallengelassen wird. Ihre Todeszuckungen sind brutal und bedrückend.

Hooper hatte im Drehbuch ursprünglich geplant, hier in die Vollen zu gehen. Pam sollte Blut spucken und dieses sollte im ganzen Zimmer herumfliegen. Doch als sich der Drehtag näherte, kam er immer mehr zu der Überzeugung, dass er das Schlimmste suggerieren und so vor dem geistigen Auge des Zuschauers noch intensivieren konnte.

Lug und Betrug im Filmgeschäft

Nach dem Ende der Dreharbeiten begann die Post-Produktion, doch mitten während des Schneidens trat ein ernstes Problem auf: die finanziellen Mittel gingen zur Neige. Der zuvor angemietete Raum, in dem man mit der Steenbeck-Schneidemaschine arbeitete, musste gekündigt werden. Stattdessen brachte man die Maschine in Hoopers Wohnung.

Hooper und Henkel traten an Parsley heran und machten ihm das Angebot, 19 Prozent von Vortex zu kaufen, doch der winkte ab. Er wusste, wenn die beiden Filmemacher nicht mit dem notwendigen Geld aufkommen konnten, gehörte der Film sowieso ihm.

Hooper und Henkel waren verzweifelt, doch schon bald fanden sie weitere Investoren: Doktoren und Anwälte, die hier eine Gelegenheit sahen. Und zwar eine, die nicht notwendigerweiser Gewinn einfahren würde. Wenn das der Fall war, war es schön, aber wenn nicht, so konnte man die Verluste von der Steuer absetzen. Ein paar waren später dann aber doch überrascht, dass der Film Geld machte.

Der neue Deal half die Produktion am Laufen zu halten, doch er sollte später Probleme mit sich bringen, wenn es um die Verteilung der Gewinne an Cast und Crew ging. Und diese schrumpften immer mehr, wobei das Fiasko, das später kommen sollte, natürlich nicht aus diesem Umstand heraus resultierte.

Warren Skaaren erhielt schließlich auch noch Points vom Profit, denn ihm oblag es, einen Distributionsdeal auszuhandeln. Hooper und Henkel hatten sich an ihn gewandt, da er genügend Kontakte in die Filmbranche hatte. Doch damit sollte der Schlamassel erst beginnen. Skaaren arrangierte ein Screening für die großen Firmen, doch keiner war an **Texas Chainsaw Massacre** interessiert. Er war ihnen zu klein, zu dreckig, zu brutal. Ein anderer Verleiher musste her. Aber bedauerlicherweise hatte Skaaren nicht gut genug gesucht, wie der legendäre B-Film-Regisseur und – Produzent Roger Corman klarmachte, als er Jahre später erklärte, dass man ihm den Film gar nicht vorgeführt hatte. So jedoch kam Skaaren nach New York, wo er sich an die Firma Bryanston wandte. Bryanston gehörte Louis Peraino, der mit dem Porno **Deep Throat** reich geworden ist und diese Firma gründete, um „normale" Filme zu verleihen. Was weder Skaaren noch Hooper und Co. zu jener Zeit wussten, war jedoch, dass Peraino Verbindungen zur Mafia hatte. Ein Deal wurde verhandelt: Die Produzenten erhielten 225.000 Dollar plus 35 Prozent am Einspiel. Damit ließen sich die Investoren schon einmal befriedigen und auch die Beteiligten waren zufrieden, aber das böse Erwachen sollte erst noch kommen.

Aufgrund der zahlreichen Leute, die mittlerweile mitverdienten, blieb für Cast und Crew kaum etwas übrig. Manche erhielten gar nur Schecks im Gegenwert von einer Handvoll Dollar. Derweil mussten sie alle mit ansehen, wie **Texas Chainsaw Massacre** ein Erfolgszug ohnegleichen wurde. Der Film eroberte Texas, dann die USA und schließlich die Welt. Die Zahlungen von Bryanston ließen jedoch auf sich warten. Man sandte nur vier Berichte über die Entwicklung, die einen Profit von nur wenig mehr als einer Million Dollar deklarierten. Tatsächlich hatte die Firma jedoch bis zum Ende des

Jahres 1975 an die sechs Millionen Dollar Gewinn gescheffelt.

Investoren und Filmemacher trafen sich und beratschlagten. Dass das Gerücht die Runde machte, Peraino hätte Bruce Lee töten lassen, da man diesem noch Millionen Dollar schuldig war, war nicht gerade hilfreich. Und langsam dämmerte allen Beteiligten, mit was für einer Art Mensch sie Geschäfte machten. Fast zwei Jahre nach Kinostart dachte man darüber nach, Bryanston zu verklagen. Eine Delegation der Investoren reiste nach New York, um mit Peraino zu sprechen, der mit absoluter Kälte in der Stimme klarmachte, man solle ihn ja nicht verklagen. Parsley ließ sich jedoch nicht einschüchtern, doch letzten Endes war es schon viel zu spät. Als die Klage lief, war Bryanston dem Bankrott nahe. Man einigte sich außergerichtlich. Bryanston sollte 400.000 Dollar als Ausgleich für den versprochenen Anteil der Filmemacher bezahlen und sämtliche Rechte an dem Film gingen an sie zurück.

Das wäre ein feiner Deal gewesen, doch Bryanston hörte 1976 auf zu existieren. Bevor dies jedoch geschah, veräußerte man noch weltweit Verwertungsrechte an **Texas Chainsaw Massacre**, wobei die neuen Käufer sich natürlich nicht an einen Vertrag gebunden fühlten, den Bryanston mit Vortex abgeschlossen hatte. Erst 1982 konnte diese Situation halbwegs geklärt werden und Gewinne begannen sich zu realisieren. Die US-Verwertungsrechte waren an New Line Cinema verkauft worden, das damit dicke Profite erwirtschafteten und Gewinnanteile an Vortex ausschüttete. Bis zu dem Zeitpunkt hatte der Film wohl schon so an die 20 bis 25 Millionen Dollar eingespielt.

Damit war der richtig große Reibach gemacht, denn Kinoauswertungen waren in Zeiten des aufkommenden Videobooms nicht mehr so gut möglich wie zuvor. Natürlich hat der Film auch mit dem weltweiten Videomarkt noch kräftig eingefahren – und tut es auch heutzutage noch mit immer neuen DVD-Varianten.

Während man langsam an den Punkt kam, an dem die eigentlich ungültigen Verträge von Bryanston liquidiert wurden und man endlich eigene Profite realisieren konnte, gab es interne Streitigkeiten zwischen Parsley und Partner Robert Kuhn auf der einen und

Hooper und Henkel auf der anderen Seite. Der Streitpunkt entstand, weil Kuhn als Anwalt einen Deal hatte, der ihm 25% der Einkünfte des Films sicherte. Nun bestand er darauf, dass dies auch für künftige Auswertungen galt. Vor Gericht gab man jedoch Hooper und Henkel recht, die der Meinung waren, die 25% bezogen sich nie auf eine Eigentümerschaft am Film, sondern vielmehr an einem etwaigen Erlös, der durch rechtliche Schritte gegen Bryanston zustande gekommen wäre. Aber auch wenn Hooper und Henkel Recht bekamen, so gewährte der Richter Kuhn dennoch, dass er alle bis dahin anfallenden Gewinne behalten konnte. Als Nachklappe sei erwähnt, dass man mehr als 20 Jahre später gewisse Auslandsrechte an eine Firma namens Raven veräußerte, die auch schon den vierten Kettensägenfilm u.a. nach Japan verkauft hatte, nun jedoch durch die Lizenzierung abkassierte und dann einfach verschwand.

Einer der großen Verlierer des **Texas Chainsaw Massacre**-Fiaskos war Kim Henkel. Er schrieb das Drehbuch für Hoopers **Eaten Alive** und konnte in den folgenden Jahren noch zwei weitere Drehbücher zur Verfilmung bringen. Ein paar konnte er verkaufen, aber diese wurden niemals gedreht.

Ein wenig konnte auch er noch vom Kettensägenmassaker profitieren, auch wenn es 20 Jahre dauern sollte, denn er schrieb und inszenierte 1994 **The Return of the Texas Chainsaw Massacre (Texas Chainsaw Massacre: Die Rückkehr)**, in dem er mit Matthew McConaughey und Renee Zellweger zwei damalige Newcomer besetzte, die wenig später zu Superstars aufsteigen sollten.

Für sein Werk erhielt er jedoch hauptsächlich Häme – viele Befürworter des Films gibt es nicht. Und vielleicht hat ihn das auch ein wenig verbittert gemacht, wie dieses Zitat beweist: „In diesem Geschäft kann dich jeder jederzeit betrügen. Und meiner Erfahrung nach werden sie das auch immer tun."

Das Leben nach TCM

Hooper, der als Kind in einem Hotel aufgewachsen ist und schon im Alter von fünf Jahren mit der Kamera des Vaters hantierte – erste Filme verwirklichte er bereits mit acht Jahren, darunter eine Frankenstein-Adaption –, hatte sich alles, was er wusste, selbst beigebracht. Er besuchte niemals eine Filmschule – die Filme selbst waren seine Schule. Nachdem er **Texas Chainsaw Massacre** hinter sich gebracht hatte und der Film sich zum Erfolg entwickelte, schrieb er zusammen mit Henkel das Drehbuch zu „Bleeding Hearts", das auf dem Fall der Winnie-Ruth-Judd-Morde basierte und in den 30er Jahren angesiedelt war. Da ein solches Projekt jedoch nicht billig gewesen wäre, konnten die beiden keine Finanziers finden.

Das nächste Projekt für Hooper sollte auf vertrauten Pfaden wandeln. **Eaten Alive (Blutrausch,** 1977) wurde von Marti Rustam produziert und begann einigermaßen passabel. Allerdings hatte Hooper einiges am Drehbuch auszusetzen, weswegen er Henkel anrief und ihn bat, nach Los Angeles zu kommen und das Skript zu retten. Henkel folgte dem Ruf und schrieb zahlreiche Szenen um und fügte gänzlich neue ein, aber nur ein kleiner Teil dessen, was er schrieb, endete schließlich im fertigen Film.

Das passierte auch, weil Hooper das Projekt verließ, noch bevor die Dreharbeiten zu Ende waren. Weil sein Produzent eine Menge an zusätzlichen Nacktszenen verlangte, verkrachte sich Hooper mit ihm und schmiss das Projekt hin. Da ein Regisseur fehlte, versuchte Rustam dies im Vorbeigehen auszugleichen, indem er die Pflichten jedem auftrug, der gerade greifbar war, darunter auch Hauptdarstellerin Marilyn Burns, die das Ende inszenieren sollte. Darüber hinaus fanden sich noch weitere Aushilfsregisseure, was im Ergebnis dafür sorgt, dass **Eaten Alive** zum Teil den typischen Hooper-Stil bietet, wie er durch **Texas Chainsaw Massacre** etabliert wurde, in anderen Szenen jedoch ein Höchstmaß an Inkompetenz aufweißt. Auf diese Art konnte nur ein halbgarer Film entstehen, obwohl das Potenzial für einen weiteren Horrorklassiker gegeben war.

Marilyn Burns war froh, dass sie eine Perücke tragen konnte. Und auf eine Nacktszene, auf die Rustam spekulierte, ließ sie sich nicht ein. Für Hooper selbst muss die Erfahrung traumatisch gewesen sein, denn er hatte anfangs große Hoffnungen, sah er doch, dass die Figuren echte Charaktere waren und nicht eindimensionale Opfer.

Eaten Alive lässt sich nur schwer beurteilen, denn man sieht den Film, der er hätte sein können, vor seinem geistigen Auge. Immerhin wartet der Streifen aber mit ganz viel Atmosphäre auf, die Hoopers großer Inspiration, den Horror-Comics des in den 50er Jahren tätigen Verlages EC, alle Ehre gemacht hätte.

Die Besetzung ist im Grunde gut, doch Mel Ferrer und Stuart Whitman agieren hier, als wäre ihnen erst während des Drehs klargeworden, in was für einer Art Film sie mitwirken. Mit viel Freude an der Arbeit ist

jedoch Robert Englund, der hier noch am Anfang seiner Karriere stand und als Buck für schräge Momente sorgt. Unvergessen seine Dialogzeile „My name is Buck and I'm ready to fuck".

Auch das nächste Projekt glich eher einem Albtraum und lässt an Kim Henkels Ausspruch „Tobe hat die Tendenz, sich mit den miesesten Leuten einzulassen" denken. Er sollte den Horrorfilm **The Dark** (1979) inszenieren, doch nach vier Tagen gab er das Projekt ab. Das Problem war, dass die Produzenten sich in jede Entscheidung einmischten und man zuvor dem assistierenden Regisseur Cardos versprochen hatte, dass dies eigentlich sein Film sein sollte, aber man musste Hooper verpflichten, da Hauptdarsteller William Devane darauf bestanden hatte. Hooper ging, an seine Stelle trat John „Bud" Cardos und der Film ist ein Heuler ohnegleichen, der so mies abschnitt, dass die Produzenten versuchten, die Zombie-Thematik zu eliminieren und aus dem Grützstreifen Science Fiction zu machen.

Mit Henkel zusammen hatte Hooper bei Universal einen Development-Deal, das heißt, es wurden verschiedene Projekte entwickelt, die aber später noch grünes Licht bekommen mussten. Hooper arbeitete an zwei Filmen, darunter das Henkel-Skript „Viper", in dem es um einen Killer geht, der seine Opfer nicht tötet, sondern ihnen die Augen aussticht, um sie dann blind davon wanken zu lassen. Henkel selbst hielt das Drehbuch für schlecht.

Hoopers Problem war jedoch, dass sein Stern im Sinken inbegriffen war. Seit **Texas Chainsaw Massacre** waren einige Jahre vergangen und **Eaten Alive** war keine gute Bewerbungskarte. Doch das Glück sollte ihm hold

sein. Und schon bald hatte er es mit Leuten zu tun, die auch in diesem Business ihre Ehre behalten hatten.

Warner hatte seit Jahren versucht Stephen Kings Roman **Salem's Lot (Brennen muss Salem**, 1979) zu verfilmen, doch obwohl es verschiedene Anläufe und eine ganze Reihe an verworfenen Drehbüchern gab, kam man zu keinem Ergebnis. Die Geschichte ließ sich nur schwer in 90 bis 100 Minuten umsetzen. Die Jahre vergingen und bei Warner entschied man, das Projekt in Form einer Fernsehminiserie anzupacken. Dafür wandte man sich an Produzent Richard Kobritz, der zuvor **Someone to Watch Over Me (Das unsichtbare Auge**, 1978) mit John Carpenter gemacht hatte. Kobritz heuerte Autor Paul Monash an, der ihm ein Skript ablieferte, wie er es sich vorstellte. Und dennoch wollte er noch einiges geändert haben: Barlow sollte im Film eine schweigende Kreatur, kein kultivierter Schurke sein, das Marsten-Haus sollte der verkommenen Seele des Vampirs entsprechen und dieser selbst sollte sich im Finale im Keller aufhalten.

Das Drehbuch nahm nun fertige Gestalt an. Interessantes Detail am Rande: Larry Cohen war einer jener Autoren, die seinerzeit für die Filmvariante ebenfalls ein Drehbuch verfasst haben, wobei er sich auch Hoffnungen auf die Regie macht. Der als Credit-Grabber bekannte Cohen reichte bei der Writer's Guild Beschwerde ein und forderte einen Co-Credit. Diesen bekam er natürlich nicht, da Monash mit keinem der vorherigen Drehbücher gearbeitet, diese noch nicht einmal gesehen hatte, und etwaige Ähnlichkeiten natürlich daraus resultieren, dass beide Drehbücher auf einer Romanvorlage basieren.

The Ultimate In Terror.

SALEM'S LOT

Starring DAVID SOUL JAMES MASON LANCE KERWIN BONNIE BEDELIA LEW WAYRES
Produced by RICHARD KOBRITZ Executive Producer STIRLING SILLIPHANT Screenply by PAUL MONASH
Based on the Novel by STEPHEN KING Directed by TOBE HOOPER Silver Ferne Design

Kobritz suchte nun nach einem passenden Regisseur und sah sich dafür Dutzende von Filmen an. Er suchte nach einem Mann, der einen deutlichen visuellen Stil hatte und als er über **Texas Chainsaw Massacre** stolperte, wusste er, wen er haben wollte: Hooper. Der hatte nach dem **The Dark**-Fiasko ernsthaft überlegt, das italienische Angebot des Films **The Guyana Massacre** anzunehmen, doch sein Agent konnte ihn eines Besseren belehren. Und schon wenig später schellte das Telefon. Kobritz wollte sich mit Hooper treffen. Bei diesem Treffen erklärte Kobritz, dass er sich den Film mit einer sehr bewegten Kamera vorstellte, was ihn sofort interessant machte, denn im damaligen Fernsehen ging es in der Regel eher statisch zu.

Doch er machte Hooper auch klar, dass er ein Hands-on-Produzent war. Er hatte bereits die Schauspieler ausgesucht, die er für den Film wollte und er würde auch tagtäglich bei der Produktion dabei sein. Die Entscheidungen würde letztlich Kobritz treffen, aber natürlich war er kein Diktator. Hooper konnte auch eigene Ideen einbringen, was dann natürlich vor allem für den Teil der Inszenierung galt.

Hooper nahm das Angebot an, da er wusste, dass ein großer Fernsehfilm, der auf einer Arbeit des gerade unheimlich heiß gewordenen Stephen King basierte, ihm in Hollywood Aufmerksamkeit bescheren würde. Und die hatte er dringend nötig, wollte er so etwas wie eine Karriere haben.

Die Besetzung ist für einen Fernsehfilm edel. James Mason erklärte sich bereit, Barlows Diener Straker zu spielen. Weitere bekannte Namen sind Lew Ayres, Elisha Cook Jr. und natürlich David Soul, der damals vor allem durch die Fernsehserie **Starsky and Hutch (Starsky und Hutch)** bekannt war. Hooper genoss die Dreharbeiten, auch wenn er sich ranhalten musste, da er praktisch zwei Filme in der Drehzeit von einem unter

Dach und Fach bringen musste. Am Ende hatte er jedoch das Gefühl, einen tollen Film erschaffen zu haben. Und das Publikum reagierte nach der Fernsehausstrahlung begeistert.

Nach diesem Erfolg sah die Zukunft für Hooper wieder rosig aus. Und schon wenig später erhielt er das Angebot für **The Funhouse (Das Kabinett des Schreckens,** 1980). Der Film war von den seinerzeit gerade erfolgreichen Slasher-Streifen inspiriert und bot eine Gruppe von Teenagern, die von einem deformierten Mörder gejagt werden. Das Setting war dabei von besonderem Interesse, da es half, dem Film ein ganz eigenes Feeling zu verleihen. Darüber hinaus setzte Hooper auf einen eher geringen Bodycount und erzeugt stattdessen eine unheimliche Spannung.

Im Vergleich zu seinem ersten Film hatte er hier mit einem Budget von 3,7 Millionen Dollar mehr als genug Geld, doch fortwährende Probleme trieben zum einen das Budget in die Höhe und sorgten zum anderen dafür, dass die Dreharbeiten sehr viel länger dauerten. Mehrere Hunderttausend Dollar und zwei Wochen länger musste gedreht werden. Hooper hatte ständige Probleme mit seinen Produzenten, die in mehrmaligem Umschreiben des Drehbuchs resultierten.

Hinzu kam, dass der Regisseur anfangs mit den zahlreichen Nachtdrehs nicht zu Recht kam und eine bereits fertig gestellte Effektszene auf dem Weg zur Entwicklung spurlos verschwand, sodass man sie noch einmal drehen musste.

Wie es der Titel schon andeutet, findet das Geschehen auf einem Rummelplatz statt. Hier werden einige Jugendliche das Opfer einer deformierten Gestalt, die eine Hemmschwelle überschreitet und mit dem Morden beginnt. Schon in der Anfangssequenz des Films spielt Hooper mit den Erwartungen des Zuschauers. Er gibt sowohl eine Hommage an **Halloween (Halloween – Die**

Nacht des Grauens, 1978) als auch an **Psycho** (**Psycho**, 1960), löst die Spannung der Szene dann aber mit einem Witz auf. Von diesem Moment an hält der Film den Zuschauer gefangen und lässt ihn nicht mehr los.

Seiner schwierigen Entstehung zum Trotz überzeugt **The Funhouse** als eine spannende Lehrstunde in Sachen *Hack'n'Slay*. Dabei gelingt es dem Film, die dargebotene Gewalt vor allem im Kopf des Zuschauers stattfinden zu lassen und nur relativ wenig auf der Leinwand zu zeigen. Das Monster wurde übrigens von Rick Baker gestaltet, der ein Meister seines Fachs ist und als erster Empfänger in der Sparte „Bestes Make-up" 1981 für seine Arbeit an **An American Werewolf in London** (**American Werewolf**, 1980) mit dem Oscar ausgezeichnet wurde.

Seine nächste Arbeit wäre **Venom** (**Die schwarze Mamba**, 1981) gewesen, der auf dem Roman von Alan Sholefield basiert. Hooper überwarf sich abermals mit den Produzenten und wurde entlassen. Der große Wurf kam im darauffolgenden Jahr mit **Poltergeist** (**Poltergeist**, 1982). Der Film wurde von Steven Spielbergs Firma Amblin produziert und Hooper wurde von dem Produzenten handverlesen. Spielberg, obwohl kein Horrorfan, war von Hoopers **Texas Chainsaw Massacre** und dessen unglaublicher Kraft beeindruckt, weswegen er gerne mit dem Regisseur zusammenarbeiten wollte. Und das richtige Projekt hatte er dafür auch schon. Zuvor hatte er mit den Autoren Michael Grais und Mark Victor an einem Drehbuch gearbeitet, das später **Always (Always – Der Feuerengel von Montana**, 1989) werden sollte, doch als er erwähnte, dass er auch eine Idee für einen Geisterfilm hatte, waren die beiden für das Projekt Feuer und Flamme – und so begannen sie mit der Arbeit am Drehbuch von **Poltergeist**.

Steven Spielberg war zu jener Zeit schon mit **E.T.** (**E.T. – Der Außerirdische**, 1982) beschäftigt und obwohl er **Poltergeist** noch hätte in seinen Zeitplan integrieren können, verbot ihm das das Regelwerk der Director's Guild, nach der ein Regisseur nicht zwei Filme parallel machen durfte.

Darum bot Spielberg den Film schließlich Hooper an, aber der musste feststellen, dass sein Produzent noch kontrollbewusster als seinerzeit Kobritz war. Spielberg war fast jeden Tag am Set und traf offenbar auch einige kreative Entscheidungen, so dass Hooper oftmals nicht mehr übrigblieb, als den mechanischen Aspekt der Dreharbeiten zu übernehmen. Wie sehr Spielberg involviert war, sieht man auch an zwei Beispielen, bei denen er federführend war: Bei der Szene, bei der Robbie von dem Clown gewürgt wird, bekam der junge Schauspieler tatsächlich keine Luft mehr und es war Spielberg, der die Szene abbrach, als er das erkannte.

"They're here."

POLTERGEIST

It knows what scares you.

A STEVEN SPIELBERG Production

A TOBE HOOPER Film "POLTERGEIST" JOBETH WILLIAMS · CRAIG T. NELSON · BEATRICE STRAIGHT · Music by JERRY GOLDSMITH
Special Visual Effects by INDUSTRIAL LIGHT & MAGIC A Division of Lucasfilm Ltd. Story by STEVEN SPIELBERG Screenplay by STEVEN SPIELBERG, MICHAEL GRAIS & MARK VICTOR
Directed by TOBE HOOPER Produced by STEVEN SPIELBERG and FRANK MARSHALL

Und bei einer anderen Szene bekam es die kleine Heather O'Rourke mit der Angst, als eine Windmaschine ihr Spielzeug entgegen blies. Sie wurde hysterisch und Spielberg beruhigte sie, wobei er ihr versprach, dass sie die Szene nicht noch einmal drehen müsse.

Hooper und Spielberg wollten bei der Besetzung des Films auf unbekannte Mimen zurückgreifen, da sie glaubten, dass das dem Film einen realistischeren Touch geben würde. Erst durch Poltergeist wurden Leute wie Craig T. Nelson oder JoBeth Williams bekannt.

Es ist sicherlich nicht fair, den Erfolg von **Poltergeist** ganz und gar Spielberg zuzuschreiben, aber man muss auch konstatieren, dass der Film von seinem Feeling eher wie ein Spielberg, denn wie ein Hooper wirkt. Zugegeben, es ist ein etwas dunklerer Spielberg als gewohnt, aber dennoch deutlich erkennbar.

Das liegt aber sicherlich auch daran, dass Spielberg nach dem Ende der Dreharbeiten im August 1981 die Produktion übernahm. Er beaufsichtigte die Erstellung der Spezialeffekte simultan für **E.T.** und **Poltergeist** und zeichnete für den Schnitt verantwortlich, den er von seinem Lieblingscutter Michael Khan übernehmen ließ, während **E.T.** von Carol Littleton geschnitten wurde. Auch die Vertonung inklusive der Filmmusik riss Spielberg an sich, wobei er Jerry Goldsmith für den Score anheuerte.

Dass der Film demnach wie ein Spielberg-Werk erscheint, ist nicht weiter überraschend. Selbst wenn beim Dreh alle wichtigen Entscheidungen von Hooper getroffen worden sein sollten, so wurde **Poltergeist** im Schnittraum ein Spielberg-Werk.

Der Film war enorm erfolgreich, doch Hooper hing der Ruf an, dass er nur Erfüllungsgehilfe gewesen sei,

weswegen die kommenden Jahre wieder schwerer für ihn wurden. Und in dem hoffnungsvollen Versuch, sich zu beweisen, stolperte er in ein Trio von Filmen, das seine Karriere endgültig demontierte.

Die Cannon-Jahre

Menahem Golans und Yoram Globus' Firma Cannon hatte sich in den 80er Jahren mit Actionfilmen wie den Chuck-Norris-Krachern **Missing in Action (Mission in Action**, 1984) oder **American Ninja (American Fighter**, 1985) einen Namen gemacht. Die Filme erlebten einigermaßen erfolgreiche Kinoeinsätze, waren aber vor allem in den weltweiten Videotheken echte Goldesel. Abseits von den großen Studios hatte Cannon sich bewährt und war zu einer echten Alternative geworden. So auch für Tobe Hooper, der einen Drei-Filme-Deal mit dem Studio abschloss. Der erste Film sollte eine Abkehr vom Horror-Genre sein, zumindest zum Teil, denn hier paarte sich Science Fiction mit Horror.

Vampire aus dem Weltall waren immer eine gute Variation des Genres – und das gilt auch für Tobe Hoopers **Lifeforce (Lifeforce – Die tödliche Bedrohung**, 1985), in dem er Colin Wilsons Novelle „The Space Vampires" adaptiert, aber natürlich auch einigen Veränderungen unterzieht. In dem u.a. von Dan O'Bannon geschriebenen Drehbuch wird auch der Halleysche Komet eingebaut, der seinerzeit aufgrund seines baldigen Erscheinens in aller Munde war. Handlungstechnisch gibt es zu vermelden, dass einige Astronauten um Held Steve Railsback ein paar Leichen aus dem Weltall mitbringen, wobei diese alle nackt und knackig sind. Das gilt besonders für Mathilda May, die im ganzen Film kein Fizzelchen Stoff tragen darf. Natürlich erwachen die Vampire in London zum Leben und saugen anderen ebensolche Energie aus. Im Ergebnis

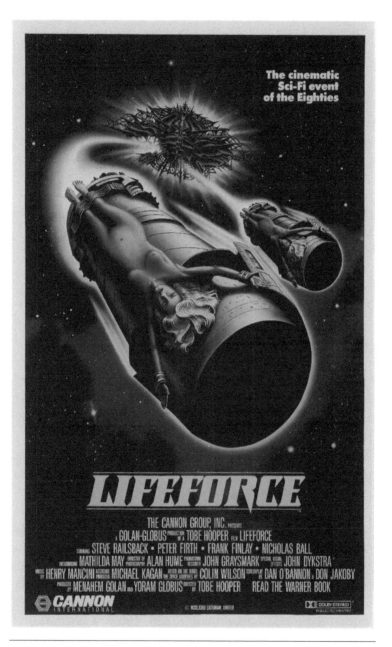

werden ihre Opfer zu dem, was sie selbst sind, weswegen London bald von fiesen Energiesaugern überrannt ist. Dabei gelingt Hooper eine apokalyptische Stimmung, was besonders in Hinblick auf das stets im Dunkel liegende London gilt, das schließlich von mörderischen Horden bevölkert wird, die nicht von ungefähr an die Massenbedrohung von Zombies erinnern. Hooper kam zu dem Film, nachdem Menahem Golan ihm 1983 den Roman geschickt hatte. Während der Roman in der Zukunft des Jahres 2080 spielt, entschieden Hooper und Golan, dass es besser war, den Film in der Gegenwart anzusiedeln, um so die Identifikation für das Publikum leichter zu machen (und Geld zu sparen!).

Darüber hinaus läuft die Handlung im Film schneller und nur über ein paar Tage hinweg ab. Des Weiteren wurden einige Figuren komplett gestrichen oder zusammengelegt, so dass **Lifeforce** eher wie eine Interpretation denn eine Adaption von „Space Vampires" wirkt. Der Titel wurde im Übrigen geändert, weil die Produzenten eine derart teure Produktion nicht mit einem solchen B-Titel ausstatten wollten. Hooper selbst verteidigte damals die Änderung noch, doch nachdem er den Final Cut über den Film verloren hatte und zusehen musste, wie Schlüsselszenen entfernt wurden, änderte er seine Meinung, da er nunmehr glaubte, dass der intakte Film mit dem alten Titel ein weit größeres Publikum angesprochen hätte.

Obwohl **Lifeforce** keine klassischen Vampire bietet, versucht er doch, ein wenig nach den Regeln zu funktionieren, weswegen eine Alternative zum Pflock-ins-Herz gefunden wird. Der Biochemiker Dr. Fallada entdeckt nämlich, dass die Weltraumvampire getötet werden können, wenn man ihnen einen Stahlstab ins

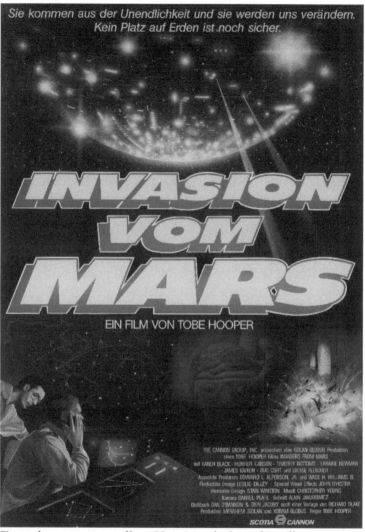

INVASION VOM MARS

EIN FILM VON TOBE HOOPER

THE CANNON GROUP, INC. präsentiert eine GOLAN-GLOBUS Produktion
eines TOBE HOOPER Films INVADERS FROM MARS
mit KAREN BLACK · HUNTER CARSON · TIMOTHY BOTTOMS · LARAINE NEWMAN
JAMES KAREN · BUD CORT und LOUISE FLETCHER
Associate Producers EDWARD L. ALPERSON, JR. und WADE H. WILLIAMS III
Production Design LESLIE DILLEY · Special Visual Effects JOHN DYKSTRA
Invasoren-Design STAN WINSTON · Musik CHRISTOPHER YOUNG
Kamera DANIEL PEARL · Schnitt ALAIN JAKUBOWICZ
Drehbuch DAN O'BANNON & DON JACOBY nach einer Vorlage von RICHARD BLAKE
Produktion MENAHEM GOLAN und YORAM GLOBUS · Regie TOBE HOOPER

SCOTIA CANNON

Energiezentrum treibt. Hooper drehte für diesen Film erstmals im Ausland und genoss die Arbeit in England. Darüber hinaus handelt es sich hier um die größte Produktion, die er je handhaben konnte, arbeiteten doch mehr als 400 Menschen an dem Projekt. Die Effekte wurden von John Dykstra angefertigt und sind wahrlich herausragend geworden. Vor Veröffentlichung musste der Streifen noch Federn lassen. Insgesamt wurden 27 Minuten entfernt, von denen Jahre später 15 wieder in den Film integriert wurden, was einen weit befriedigenderen Director's Cut ergab, aber dennoch weit von dem Film entfernt war, den Hooper eigentlich im Sinn gehabt hatte.

Das nächste Projekt, das Hooper für Cannon anging, war ein weiterer Science-Fiction-Film: Das Remake von **Invaders from Mars (Invasion vom Mars,** 1953). Das Remake entstand 33 Jahre später und hielt sich recht nahe an das Original, änderte jedoch vor allem das Ende deutlich.

Hooper glaubte, nach mehreren Jahrzehnten eine würdige Neuinterpretation zustande zu bekommen, doch er brauchte für das Drehen des Films länger als erwartet, was schließlich zu Problemen mit Cannon führte. Hinter der Kamera agierte Daniel Pearl, da Hooper einen Musik-Videoclip-Ansatz wollte und Pearl, der mittlerweile in dieser Disziplin sehr erfahren war, der genau richtige Mann dafür war.

Die Effektarbeit übernahm einmal mehr John Dykstra, wobei das Design der außerirdischen Kreaturen von Stan Winston gestaltet wurde.

Hooper schuf einen recht guten, aber teilweise ein wenig behäbigen Film, der sicherlich nicht zu seinen besten Werken gehört, aber dennoch ordentliche Unterhaltung bietet. Das Original und dessen Wirkung erreicht er zwar nicht, aber dieses Privileg ist auch nur wenigen Remakes vorbehalten.

Texas, die Zweite

Lifeforce und **Invaders from Mars** waren alles andere als Hits gewesen. Hooper war gezwungen, nun den dritten Film des Cannon-Deals anzugehen, den Film, den er sein ganzes Leben lang vermeiden wollte: **Texas Chainsaw Massacre 2** (1986). Denn Hooper war bewusst, dass dieser Film seine Karriere nachhaltig beeinflussen würde. Wenn er erfolgreich war, würde es heißen, Hooper könne nur Kettensägenfilme machen, und wenn er floppen sollte, dann würde er so schnell kein nennenswertes Budget mehr bekommen.

Dass es überhaupt zu einem Sequel kam, war durchaus überraschend, denn angesichts der vertrackten Rechtslage des Originals hätte man meinen können, dass es nicht so einfach möglich war, hierzu die Rechte zu erlangen. Doch bei Cannon gab man sich positiv und erklärte später in einem Interview, dass nur ein Termin vor Gericht notwendig war, um die Rechte kaufen zu können.

Obwohl es nie bestätigt wurde, gehen manche übrigens davon aus, dass Hooper von Seiten Cannons von jeher verpflichtet war, ein Sequel zu seinem Hit zu machen, da man ihm dafür sozusagen als Gegenleistung die hohen Budgets für **Lifeforce** und **Invaders from Mars** bewilligt hatte. Und da beide enttäuscht hatten – und schlimmer noch, es immer wieder Probleme mit Hooper gab – erwartete man nun auch einen Hit. Zumindest das war Hooper nach Meinung von Cannon der Firma schuldig.

Ein **Texas Chainsaw Massacre** wäre aber kein **Texas Chainsaw Massacre**, wenn es nicht im Vorfeld, aber auch im Nachhinein Probleme unterschiedlicher Art

gegeben hätte. Zu gerichtlichen Streitigkeiten kam es nicht, aber Hooper verscherzte es sich mit den Kollaborateuren des Originals, die in der Mehrheit erwartet hatten, dass er sie auch für das Sequel holen würde.

Ed Neal war der Anhalter im ersten Teil und obwohl er dort am Ende stirbt, hatte man ursprünglich geplant, ihn zurückzubringen. Das tat man später auch, allerdings nur als Kadaver, den sein Bruder Chop Top gerne mal herumschleppt. Ed Neal war umso enttäuschter, als ihm das klar wurde. Da er als Besitzer des Texas Movie Emporiums und als Produzent von Werbeclips ein wirklich erstklassiges Auskommen hatte, wäre es nicht auf das Geld angekommen, aber eine entsprechende Bezahlung ist auch ein Zeichen von Respekt. Und der sollte hier ausbleiben, denn nachdem man sich an Neals Agenten gewandt hatte und der mit einer Forderung einer Summe, die etwa drei bis viermal dem Mindestsatz entsprach, also etwa aus 40.000 Dollar bestand, geantwortet hatte, hörte man nie wieder etwas von Cannon.

Gunnar Hansen erwartete gar nicht eine hohe Bezahlung, aber der als freier Journalist tätige Mann war ob des Angebots von Cannon durchaus enttäuscht. Denn dort war man nicht bereit, mehr als den Mindestsatz auszugeben. Genau genommen offerierte man ihm sogar nur den Mindestsatz abzüglich zehn Prozent. Denn diese zehn Prozent sind normalerweise für den Agenten, aber da Hansen keinen hatte, wollte man diese Ausgabe auch einsparen.

Nicht sehr viel anders verhielt es sich bei John Dugan, der im Original den Großvater spielte und damals als Koch und Bartender seine Familie ernährte. Er hatte sich von dem zweiten Teil ein wenig Publicity erhofft, um seine Schauspielkarriere in Gang zu bringen. Über einen Artikel erfuhr er, dass Hooper daran interessiert war, ihn für die Fortsetzung zurückzubringen. Also versuchte er über fünf Tage hinweg, den Regisseur zu erreichen, doch hatte er das Gefühl, dass dieser ihm aus dem Weg ging. Schließlich kam er in Kontakt mit der für das Casting zuständigen Pat Orseth, die ihm erklärte, dass Hooper ihn niemals wirklich in Betracht gezogen hat. Marilyn Burns, die auch zu jener Zeit noch so etwas wie eine Karriere hatte, auch wenn sie sich hauptsächlich auf das Theater beschränkte, hatte gar nicht erwartet, dass sie für das Sequel angeheuert werden würde. Das fand sie enttäuschend, aber nicht überraschend, war sie doch keine junge Frau mehr.

Natürlich konnte sie das leichter nehmen als ihre Kollegen, denn da sie durch Barsley seinerzeit eine Beteiligung an MAB bekommen hatte, bekam sie auch vierteljährlich Berichte über die Gewinnentwicklung des Originals und entsprechende Zahlungen, die zwar nicht gerade immens, aber dennoch erklecklich waren.

Scott Holton, der Publizist für Cannon, erklärte später, dass es verschiedene Gründe gab, warum diese Leute nicht mehr eingesetzt wurden. Hansen hatte zuerst zugesagt, später abgelehnt und sich als ziemlich verbittert herausgestellt, während Dugan zu weit weg wohnte, so dass es einfacher war, jemanden aus Austin zu besetzen, da der Mime unter dem Grandpa-Make-up ohnehin nicht zu erkennen war. Und was Burns betrifft, so war sie nie eingeplant, da ihre Figur auch nicht im Skript erschien. Immerhin wäre es recht redundant gewesen, dieselbe Figur dasselbe Szenario noch einmal erleben zu lassen.

Durch den Verkauf der Sequelrechte wurden neue Gelder aktiviert, allerdings gingen auch dieses Mal die am Originalfilm Beteiligten mehr oder minder leer aus. Als es um den Verkauf der Rechte ging, war Cannon nicht der einzige Bieter. Auch New Line Cinema war an dem Thema interessiert (und sollte später den dritten Teil produzieren), aber Hooper musste den zweiten Teil zu Cannon bringen. Da seine und Henkels Firma Vortex nur 50 Prozent der Rechte hielt und MAB die anderen 50 Prozent besaß, stellte sich der Zustand ein, dass niemand den anderen ausstechen konnte.

Bis Hooper Henkel dazu brachte, seine Schwester zu überzeugen, ihre kleine Beteiligung an MAB an Vortex zu veräußern. Damit erlangte Vortex 51 Prozent der Anteile und konnte somit alleine entscheiden, in welche Richtung es gehen würde.

Henkel hatte natürlich auch ein eigenes Interesse daran, da er erwartet hatte, dass er das Drehbuch zum Sequel alleine oder zusammen mit Hooper schreiben würde. Henkel glaubte, dass der Film bei Cannon in guten Händen wäre, doch einmal mehr wurde er enttäuscht, nicht von Cannon, sondern von Hooper. Und ein gemeinsamer Bekannter von Hooper und Henkel nahm den hoffnungsvollen Autor mal zur Seite und fragte ihn unverblümt: „Weißt Du nicht, dass Tobe nicht Dein Freund ist?"

Und der Mann sollte Recht behalten, denn der Auftrag für das Drehbuch ging an L.M. Kit Carson, wobei Henkel nicht mal für von ihm in die TCM-Mythologie eingeführte Elemente entschädigt wurde, da Hooper erklärte, dass alle solche Elemente, sollten sie überhaupt existieren, auf seinem eigenen Mist gewachsen seien.

Die geschassten Mimen waren später der Meinung, sie hätten dem Film deutlich mehr Publicity eingebracht, da einige Magazine auf den Zug aufgesprungen und über die Schauspieler berichtet hätten, die zum großen Teil für mehr als ein Jahrzehnt verschwunden waren, doch Holton sah das anders: „Ich glaube nicht, dass die breite Öffentlichkeit überhaupt weiß, wer die Schauspieler des ersten Films sind. Wären sie Leute vom Kaliber eines Robert Redford, dann würde es Sinn machen, sie zurückzubringen. Aber wer sind schon Neal, Hansen oder Burns?"

Hooper ließ das Skript von L.M. Kit Carson schreiben, dessen Sohn er zuvor in der Hauptrolle in **Invaders from Mars** besetzt hatte. Und auch Carsons Ex-Frau Karen Black wirkte in dem Film mit. Dementsprechend war Carson oft am Set und so konnten sich Hooper und er ausgiebig über das zweite Kettensägenmassaker unterhalten. Der Mann, der zuvor Wim Wenders **Paris, Texas** (**Paris, Texas**, 1984) geschrieben hatte, brachte genau das richtige Gefühl für die Saw-Family mit.

Vor der Kamera brachte man Jim Siedow zurück, der abermals den Koch spielte, hinter der Kamera hätte Hooper gerne Daniel Pearl gesehen, doch der hatte bereits für ein anderes Projekt zugesagt und stand so nicht zur Verfügung.

Hooper wollte beim zweiten Film den makabren Humor noch weiter ausbauen, was sich auch in der exzentrischen Figur des Sheriffs äußerte. Darüber hinaus sah er diesen Film als eine Art Coming-of-Age von Leatherface, der sich erstmalig für eine Frau interessiert und ihr mit dem Gesicht eines anderen Mannes ein höchst ungewöhnliches Geschenk macht. Das ist dann auch eine

50

der intensivsten Szenen des Films, denn der Mann, dem Leatherface das Gesicht abgezogen hat, lebt noch und sieht sein eigenes Antlitz auf dem Gesicht der Frau. Ja, trotz eines R-Ratings ging der zweite Teil sehr viel weiter als das Original.

Dafür verantwortlich ist auch Tom Savini, der für die Make-up-Effekte engagiert wurde und sich daranmachte, die Maske von Leatherface neu zu gestalten, da er der Meinung war, dass sie im Original ein wenig zu sehr nach Latex ausgesehen hatte. Savini gestaltete auch die anderen, enorm blutigen Effekte des Films, wobei die Szene in der Tiefgarage, in der Leatherface über ein paar Yuppies herfällt, aus dem Film geschnitten wurde, bevor sie vollkommen fertig war. Sieht man sich die Sequenz heute an, so fehlt sogar der Ton der Kettensäge.

Da die Saw-Family mit dem Anhalter ein Familienmitglied verloren hatte, brachte Hooper ein neues ins Spiel: Chop Top. Hooper erklärt seine Abwesenheit im Original damit, dass er sich gerade in Vietnam befand. Dort wurde er auch verwundert, weswegen er jetzt die äußerlich sichtbare Stahlplatte im Kopf hat. Für den Part engagierte er Bill Moseley, der ihm erstmals aufgefallen war, weil er eine Parodie namens **Texas Chainsaw Manicure** gedreht hatte. Moseleys Karriere dümpelte nach dem Film weiter vor sich hin. Erst vor ein paar Jahren erlebte er mit seinem Part in Rob Zombies Filmen **The House of a 1000 Corpses (Das Haus der 1000 Leichen**, 2003) und **The Devil's Rejects (The Devil's Rejects**, 2005) neue Popularität.

In die Rolle von Leatherface schlüpfte der Stuntman Bill Johnson, der seine Arbeit auch nicht schlechter machte als Hansen, was an der Limitierung der

Rolle liegt, auch wenn Hooper von der Ausdruckskraft spricht, die ein Schauspieler hier mitbringen muss. Aber alles, was er bringen könnte, ist ohnehin unter der Ledermaske verborgen. Der exzentrische Sheriff wird von Dennis Hopper gespielt, der damals gerade am Tiefpunkt seiner Karriere angekommen war und letzten Endes jedes Angebot annehmen musste.

Da der Film so unheimlich schnell nach **Invaders from Mars** angegriffen wurde, blieb nicht sehr viel Vorbereitungszeit, so dass auch das Skript noch nicht gänzlich fertig war. Carson schrieb jeden Abend neue Szenen, die in Nullkommanichts vorbereitet und dann gedreht werden mussten.

Der Film feierte im Jahr 1986 seine Premiere und die Erwartungen waren nicht nur bei Cannon sehr hoch, doch wie die beiden vorherigen Hooper-Filme enttäuschte auch dieser. Das Kinoeinspiel reichte nur, um gerade so auf Breakeven zu kommen. Erst mit der Videoauswertung konnte Cannon Gewinne realisieren. Der Film selbst ist ein würdiger Nachfolger des Originals, der den sardonischen Humor nimmt und ihn mit unglaublichen Effekten und absolut abgedrehten Action-Sequenzen mixt. Er kann an purer Intensität dem Original natürlich nicht das Wasser reichen, aber er ist ein effektiver Horrorfilm. Und gerade deswegen ist es schade, dass Hoopers Karriere danach ganz steil bergab verlief.

Ab ins Fernsehen

Nach dem finanziell insgesamt eher enttäuschenden Cannon-Trio musste Hooper eine lange Durststrecke hinnehmen, in der er eine Folge von Steven Spielbergs

Anthologie-Serie **Amazing Stories (Unglaubliche Geschichten)** und die Pilotfolge von **Freddy's Nightmares (Freddy's Nightmares)** inszenierte. Gerade letztere enttäuschte aber, denn zum einen wurde der Pilotfilm, der erzählt, wie Freddy von den braven Bürgern von Springwood gelyncht wird, ausgesprochen günstig produziert, zum anderen konnte auch Hoopers Regie keine nennenswerten Höhepunkte setzen.

Der nächste Kinofilm, den Hooper anpackte, war **Spontaneous Combustion (Fire Syndrome,** 1990). Auf Grund cleverer Auslandsverkäufe konnte sich Hooper immerhin sicher fühlen, denn das Budget von sieben Millionen Dollar war dadurch bereits wieder reingeholt worden. Darüber hinaus war er mit Enthusiasmus bei der Arbeit, was sich schon beim Schreiben des Drehbuchs zeigte. Hooper schrieb hier weit mehr als sonst und erkannte, dass es ihm leichter fiel, selbst in die Tasten zu hauen, als einem Autor aufzudröseln, was er gerne sehen wollte. Zusammen mit seinem Partner Howard Goldberg hatte er die erste Version nach drei Wochen und das fertige Skript nach sechs Wochen.

Hooper genoss die Freiheiten eines unabhängig produzierten Films, da er dieses Mal im Endeffekt tun und lassen konnte, was ihm beliebte. Das war zu Zeiten von **Texas Chainsaw Massacre 2** noch anders, gab es doch fast täglich Input von Cannon.

Obwohl mit einem Mimen wie Brad Dourif gut besetzt, konnte der Film die Kinokassen nicht wirklich zum Sprudeln bringen. So wirklich überraschend ist das nicht, denn **Spontaneous Combustion** hat zwar interessante Ansätze, ist in der Umsetzung aber etwas langatmig geraten.

Hooper drehte als nächstes den Fernsehfilm **I'm Dangerous Tonight (Im Banne des Grauens**, 1990), der aber nicht weiter erwähnenswert ist. Danach kamen die Doku-Fiction-Mischung **Haunted Lives: True Ghost Stories** (1991) und die Folge „Dead Wait" für die Serie **Tales from the Crypt (Geschichten aus der Gruft)**.

Den absoluten Bodensatz filmischer Kunst erreichte Hooper 1993 mit **Night Terrors (Tobe Hooper's Living Nightmare)**. Der deutsche Titel möchte dabei nicht nur von Hoopers Namen profitieren, sondern auch noch überdeutlich hinweisen, dass Freddy Krueger Robert Englund ebenfalls mit von der Partie ist. Der hat sich aber ebenso wenig wie Hooper mit diesem Langweiler einen Gefallen getan und man wird das Gefühl nicht los, dass alle Beteiligten nur ein paar schöne Tage in Israel verbringen wollten, wo das Machwerk gedreht worden ist.

Hooper entschuldigte das Versagen des Films später, indem er erklärte, dass erst ein anderer Regisseur eingeplant war und er selbst fünf Minuten vor Zwölf verpflichtet wurde, wobei bei Drehbeginn noch nicht einmal das Skript fertig war.

Im selben Jahr inszenierte Hooper die Episode „The Eye" aus dem Anthologie-Film **Body Bags (Body Bags**, 1993), dessen beiden anderen Geschichten und die Rahmenhandlung von John Carpenter umgesetzt wurden. Der Film war für das Fernsehen bestimmt und hätte bei entsprechendem Erfolg wohl auch eine Serie rechtfertigen sollen, aber dazu kam es gar nicht erst. Einzig gelungen ist Carpenters erste Geschichte. Der Rest ist nicht nur belanglos und langweilig, sondern auch nur ein Derivat vieler anderer Filme.

Das nächste Projekt war auf jeden Fall wieder vielversprechender: Hooper adaptierte die Stephen-King-Geschichte **The Mangler (The Mangler**, 1995) für New Line Cinema. Versuche, aus der Kurzgeschichte einen Film zu machen, gab es schon mehrere, aber Früchte getragen hatte bislang keine. Und seit King die Probleme mit **The Lawnmower Man** (**Der Rasenmähermann**, 1992) gehabt hatte, bei dem im Grunde nur noch der Name seiner Geschichte erhalten geblieben ist, achtete er auch mehr auf die Verfilmungen seiner Stoffe. Er reservierte sich ein Approval-Recht über das Drehbuch, doch das machte Hooper keine allzu großen Sorgen. Er wollte der Geschichte treu bleiben und entwarf zusammen mit seinen Ko-Autoren ein Drehbuch, das Kings Zustimmung fand.

Natürlich musste die Geschichte erweitert werden, da die 20 Seiten der Vorlage nicht genug Stoff hergaben. Und der Rhythmus wurde verändert, denn während die Vorlage in Rückblicken erzählt wird, wählte man nun den Ansatz einer chronologischen Erzählung.

Für die Rolle des Besitzers der Wäschemangel engagierte Hooper Robert Englund, mit dem er bereits zweimal zuvor gearbeitet hatte. Die Hauptrolle des ermittelnden Polizisten ging an Ted Levine. Die 48 Tage umfassenden Dreharbeiten fanden im Frühjahr 1993 in Südafrika statt. Die Dreharbeiten waren nicht ganz problemfrei und nach Beendigung musste Hooper erstmal zwei Wochen Urlaub machen, da der eingeplante Cutter nicht auftauchte. Danach kümmerte er sich vier Monate um den Schnitt des Films, der trotz R-Rating recht blutig daherkommt.

The Mangler ist ein passabler Film, kein großer Wurf, aber annehmbare B-Kost. Für Hoopers Karriere konnte er natürlich keine neuen Impulse liefern.

Die nächsten Jahre hielten – von fehlgeschlagenen Projekten wie der später von Brian Yuzna verwirklichte **The Dentist** (**The Dentist**, 1996) abgesehen – nur Fernseharbeit für ihn parat. Hooper inszenierte die Pilotfilme von **Nowhere Man** (**Nowhere Man – Ohne Identität**, 1995) und **Dark Skies** (**Dark Skies** –

Tödliche Beddrohung, 1996) und war auch für **Perversions of Science** (1997) und **The Others** (2000) tätig. 1999 inszenierte er den surrealistischen Fernsehfilm **The Apartment Complex (The Apartment Complex)**.

Tobe Hooper inszenierte diesen Film für den amerikanischen Pay-TV-Sender Showtime. Da bei Showtime mehr Möglichkeiten als beim normalen Fernsehen bestehen, kam das Skript von Karl Schaefer auch deutlich besser weg, als wenn es für ein gewöhnliches Network entwickelt worden wäre.

Die Geschichte ist mitunter wirr, bizarr und surreal, aber auch in höchsten Maße unterhaltsam. Schaefer hat Charaktere geschaffen, die vor Eigentümlichkeiten nur so sprühen und die Lachmuskeln des Publikums geradezu anregen.

Zugunsten der Geschichte und der Charaktere, die das A und O von **Apartment Complex** sind, stellt Hooper seinen eigenen Stil hinten an, um durch nichts von der Kraft des Gezeigten abzulenken. Sowohl für Hooper wie auch für das Publikum ist dies ein merkwürdiger, aber lohnender Film.

Nicht unerwähnt lassen darf man aber, dass **Apartment Complex** wohl nichts für jedermann ist. Zum einen entzieht er sich konsequent einer Genreeinordnung, zum anderen bietet er Humor, der wohl nur einem eher begrenzten Publikum zusagen dürfte. Sollte man jedoch zu diesem erlauchten Kreis gehören, hat man 90 Minuten prächtiger Unterhaltung vor sich.

Im Jahr 2002 waren dann zwei Folgen von **Night Visions** dran sowie ein Teil der ambitionierten, von Steven Spielberg produzierten Miniserie **Taken (Taken)**.

Die Welt des B-Films

Im Jahr 2000 drehte Hooper wieder einen „echten" Film, aber **Crocodile (Crocodile)** erlebte gar keinen Kinostart, sondern kam sofort auf Video und DVD heraus. Der Film ist ein Low-Budget-Streifen, bei dem Hooper das vorhandene Drehbuch noch ein wenig aufzupolieren versuchte. Genützt hat es aber nicht viel, denn das Ergebnis ist ein recht lahmer Tierhorrorfilm, der selbst artverwandten Krokodil-Schockern nicht das Wasser reichen kann.

Produzent Frank DeMartini ließ sich dennoch hinreißen, zu erklären: „Tobe versucht hier das Feeling von **Texas Chainsaw Massacre** einzufangen. Er möchte, dass dieser Film mindestens so angsteinflößend wird."
Aber auch Hooper gab sich Illusionen oder purem Größenwahn hin, wenn er davon faselte, hier an alte Erfolge anzuschließen und Vergleiche mit John Boormans **Deliverance (Beim Sterben ist jeder der Erste**, 1972) anbrachte. Das Ergebnis sprach letztlich für sich und kaum einer wollte dieses neue Werk der einstmaligen Horror-Hoffnung Hooper sehen.

Vier Jahre später meldete sich Hooper erneut mit einem Horrorfilm zurück. Er inszenierte das gleichnamige Remake von **The Toolbox Murders (Der Bohrmaschinenkiller**, 1978). Die Genese des neuen **Toolbox Murders (Toolbox Murders**, 2004) kam, als Undergroundfilmer Jim VanBebber und Autorenkollege David Szulkin sich an Tony DiDio, den Produzenten des Originals, wandten und ihm ein Sequel vorschlugen. Ein passendes Skript hatten sie schon in der Tasche. DiDio ermutigte sie, ein Remake zu schreiben. Die Produzenten Terry Potter und Jacqueline Quella wandten sich an

Hooper, den sie für die moderne Aufbereitung des Exploitation-Schockers haben wollten.

Der war auch an dem Stoff interessiert, fand jedoch das vorhandene Drehbuch nicht gar so prickelnd. Darum brachte er mit Jace Anderson und Adam Gierasch seine **Crocodile**-Autoren an Bord. Diese entwarfen eine gänzlich andere Geschichte, die zwar die Morde mit Werkzeugen beinhaltete, aber ansonsten weit vom Original abdriftete. War im ersten Film noch Cameron Mitchell ein gestörter Psychopath, so hat man es im Remake mit einer übernatürlich angehauchten Figur zu tun, die älter wird, aber nicht stirbt, und schrecklich entstellt ist.

Das Äußere des Killers erinnert wohl auch nicht von ungefähr an Leatherface. Die Besetzung des Films stand recht schnell und mit Angela Bettis fand sich auch eine erstklassige Schauspielerin, die mit **May (May – Die Schneiderin des Todes**, 2002) eine beeindruckend, psychologisch perfekte Darstellung einer Außenseiterin, die langsam dem Wahnsinn verfällt, abgeliefert hat. Dessen Regisseur Lucky McKee sollte in **The Toolbox Murders** auch den Killer spielen, doch im letzten Moment musste er absagen, da sein neuestes Projekt grünes Licht bekommen hatte. Dafür überließ er Hoopers Film seinen Kameraman Steve Yedlin.

The Toolbox Murders ist kein Meisterwerk, aber das war das Original auch nicht. Stattdessen ist er ein knackiger B-Film, der sich auch vor expliziten Effekten nicht scheut und versucht, die Ernsthaftigkeit früherer Horrorfilme darzubieten. Für Humor ist in diesem Werk kein Platz und die Autoren haben versucht, einige echte Schocks einzubringen. Nach diesem Film bestand die Hoffnung, dass Hooper endlich wieder mit ein paar guten

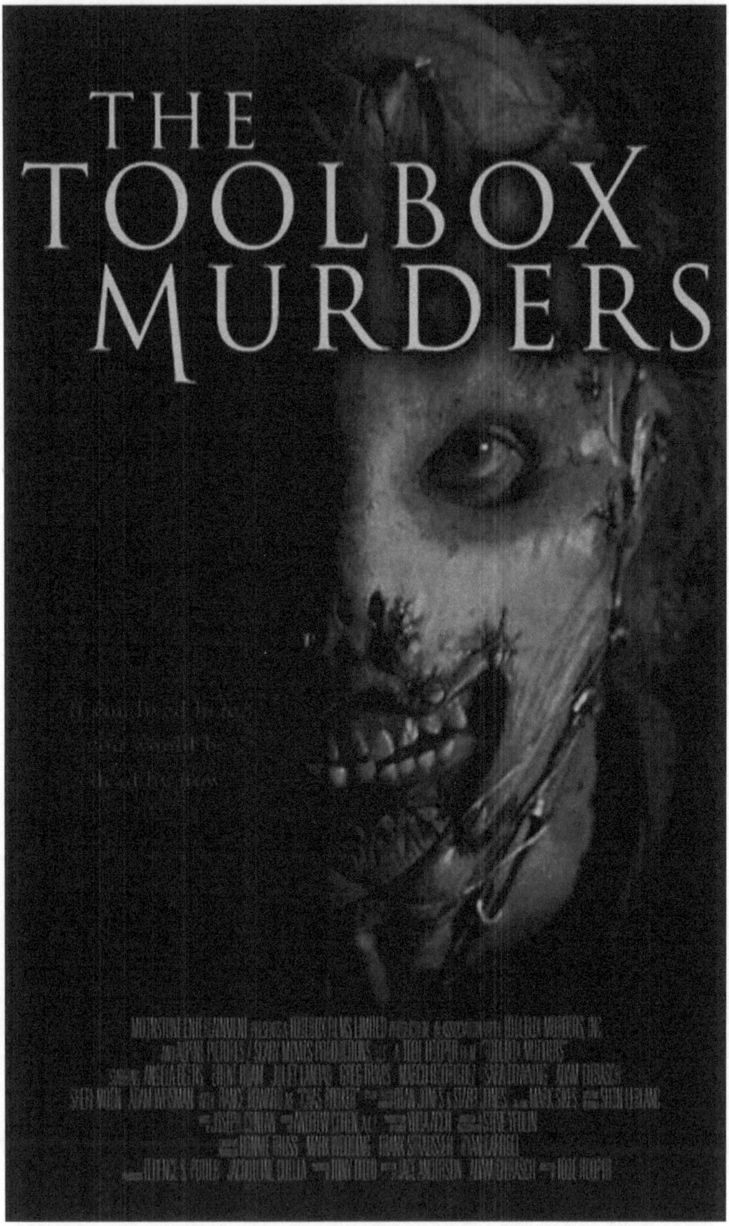
THE
TOOLBOX
MURDERS

Projekten durchstarten würde, doch diese Hoffnung wurde leider – abermals – schwer enttäuscht.

Denn Hoopers nächster Film **Mortuary** (**Mortuary**, 2005) ist wieder ein echter Langweiler geworden. Tony DiDio produzierte wieder, das Skript stammte abermals von Anderson und Gierasch und der bekannteste Name der Besetzung ist Denise Crosby, die noch heute bereut, dass sie vor beinahe 20 Jahren aus **Star Trek: The Next Generation** ausgestiegen ist, woraufhin ihre Karriere vor die Hunde ging.

Das Autorenduo hat abermals ein wenig inspiriertes Skript abgeliefert, das mit dem gerade populären Zombie-Genre spielt, aber keine echten Innovationen bieten kann. Hinzu kommt, dass die beiden wohl mit der dümmsten Art aufgekommen sind, wie die Zombies am Ende aus dem Verkehr gezogen werden. Hooper wollte einmal mehr Humor im Film haben, doch seine Versuche haben nicht den wilden Witz eines **Texas Chainsaw Massacre 2**, sondern sind nur unoriginell und lahm.

Der Film wurde dementsprechend auch schlechter aufgenommen als sein direkter Vorgänger, der immerhin noch Unterhaltungswert besaß. Hooper inszenierte zudem zwei Folgen der **Masters of Horror**. Geplant war die Miniserie **Ghosts**, die jedoch produktionstechnisch durchfiel. Zuletzt kam **Djinn – Des Teufels Brut** (**Djinn**, 2013), der mit Geldern aus den Vereinigten Arabischen Emiraten produziert worden ist. Gedreht wurde das Werk bereits im März und April 2011, die Veröffentlichung ließ dann jedoch lange auf sich warten. Mit einem Budget von fünf Millionen Dollar war der Film in Dubai gedreht worden, wo man darauf achten musste, mit dem Thema nicht religiöse Gefühle zu verletzen. Der Film befasst

EIN FILM VON
TOBE HOOPER
REGISSEUR VON POLTERGEIST UND
TEXAS CHAINSAW MASSACRE

MORTUARY
WENN DIE TOTEN AUFERSTEHEN,
WIRD DIE HÖLLE WIRKLICHKEIT

uncut edition

sich mit der Legende des Djinn, macht dies aber auf andere Art als beispielsweise **Wishmaster** und war der erste arabischsprachige Horrorfilm. Gedreht wurde übrigens parallel Englisch und Arabisch.

Die letzten Jahrzehnte waren zu Hooper nicht gut. Viele Projekte konnte er nicht mehr verwirklichen. Am 26. August 2017 starb er im Alter von 74 Jahren. Hooper hinterlässt seinen ganz speziellen Beitrag zum Genre und bleibt als einer der Großen unvergessen.

Einspielergebnisse

Seine finanziell größten Erfolge feierte Hooper mit seinem Debütfilm und dem von Spielberg produzierten **Poltergeist**. Davon abgesehen hat er sogar eine Reihe von herben Flops inszeniert, was mit dafür verantwortlich ist, dass er in den 90er Jahren fast nur noch Fernsehangebote bzw. absolute Low-Budget-Filme angeboten bekam. Auf lange Sicht haben aber ein paar der Hooper-Filme mit Auswertung im Ausland, auf Video, DVD und Fernsehen schon noch Geld eingespielt.

The Texas Chainsaw Massacre
Budget: 125.000 Dollar
Einspielergebnis USA: 30,9 Millionen Dollar

Funhouse
Einspielergebnis USA: 7,9 Millionen Dollar

Poltergeist
Budget: 10,7 Millionen Dollar
Einspielergebnis USA: 76,6 Millionen Dollar

Lifeforce
Budget: 25 Millionen Dollar
Einspielergebnis USA: 11,7 Millionen Dollar

Invaders from Mars
Budget: 12 Millionen Dollar
Einspielergebnis USA: 4,9 Millionen Dollar

Texas Chainsaw Massacre 2
Budget: 4,7 Millionen Dollar

Einspielergebnis USA: 8 Millionen Dollar

The Mangler
Einspielergebnis USA: 1,7 Millionen Dollar

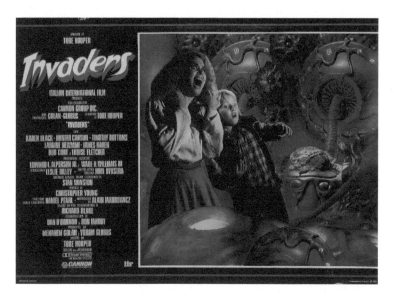

Die anderen Projekte

Im Verlauf seiner mehr als 30 Jahre umspannenden Karriere war Tobe Hooper des Öfteren an Filmen beteiligt, die aus den unterschiedlichsten Gründen nicht zustande kamen, oder aber schon gedreht wurde, allerdings ohne seine Beteiligung, was dann oft an kreativen Differenzen lag, weswegen die Parteien getrennte Wege gingen. Einige dieser Projekte sind bekannt geworden.

1975 Bleeding Hearts (Drehbuch: Kim Henkel)
1977 Viper (Drehbuch: Kim Henkel)
1978 Dead or Alive (Drehbuch: L.M. Kit Carson)
1979 The Dark (Hooper wurde von John „Bud" Cardos ersetzt)
1981 Venom (Hooper wurde von Piers Haggard ersetzt)
1982 The Lights
1987 Whose Woods Are These (Drehbuch: Richard Matheson)

Des Weiteren war Hooper im Gespräch für den auf einem Roman von Gary Brandner basierenden Empire-Film **Floater** und **Brew**. Im Gespräch war Hooper für **Motel Hell** (**Hotel zur Hölle**, 1980), der schließlich von Kevin Connor inszeniert wurde.

Nicht mehr beschlagnahmt: TEXAS CHAINSAW MASSACRE

Blutgericht in Texas – so hieß **Texas Chainsaw Massacre**, als er in den 70er Jahren in deutschen Kinos lief. Es dauerte ein paar Jahre bis Tobe Hoopers brachiales Meisterwerk der bundesdeutschen Zensur zum Opfer fiel.

Der Film wurde 1985 beschlagnahmt, was seinem Status als einem der erschreckendsten Horrorfilme aller Zeiten jedoch nur zuträglich war. Notorisch für das Blutgericht, ist es umso paradoxer, dass der Film fast gänzlich ohne Blut auskommt. Vielmehr ist es die an die Nieren gehende Stimmung und die rohe Umsetzung, die **Texas Chainsaw Massacre** so verstörend macht.

Es ist das Jahr 1974: Für vier junge Freunde sollte es eigentlich nur ein schöner Sommerausflug werden. Sie ahnen nicht, welchem Grauen sie alsbald begegnen werden, als sie anhalten und einen Anhalter mitnehmen. Der Anhalter ist höchst merkwürdig. Die Situation droht zu eskalieren, als er mit einem Messer herumspielt.

Es gelingt den Freunden, den ungebetenen Gast loszuwerden. Doch damit hat der schrecklichste, der letzte Tag ihres Lebens gerade erst begonnen. Als ihnen in einer gottverlassenen Gegend das Benzin ausgeht, nimmt das Schicksal seinen Lauf.

Sie suchen in einem heruntergekommenen Haus nach Hilfe, doch die gibt es nicht. Denn in diesem Haus leben Leatherface und seine Familie, die nur auf neue Opfer gewartet haben.

Das Label Turbine Medien erwarb 2008 die Lizenz am Film, wohlwissend, dass er in Deutschland beschlagnahmt und somit nicht auswertbar war. Man

Tobe Hoopers Meisterwerk des totalen Horrors

BLUTGERICHT IN TEXAS

(THE TEXAS CHAINSAW MASSACRE)

MARILYN BURNS · GUNNAR HANSEN und Paul A. Partain · William Vail · Edwin Neal · John Dugan
Regie: TOBE HOOPER
Eastmancolor   Eine HOOPER/HENKEL Produktion der PRO film im Verleih

hatte jedoch den Plan gefasst, gegen die Beschlagnahme vorzugehen. Damit wurde ein Weg beschritten, den bisher kaum jemand in Deutschland gegangen ist. Wenn ein Film beschlagnahmt wurde und damit nicht mehr in

Deutschland aufgeführt oder vertrieben werden durfte, dann nahmen das die Firmen in der Regel hin. Ein Grund ist natürlich, dass der Rechtsweg eine äußert teure Angelegenheit ist.

Turbine war jedoch bereit, dieses finanzielle Risiko einzugehen und fand eine Handhabe, als eine alte Auflage des Films erneut zur Beschlagnahme kam (kurz gesagt: im deutschen Rechts-Wirr-Warr ist es so, dass ein Film zwar beschlagnahmt ist, die verschiedenen deutschen als auch internationalen Veröffentlichungen jedoch einzeln auch per Beschlagnahme-Beschluss aus dem Verkehr gezogen werden müssen). Als neuer Lizenznehmer konnte Turbine nun ein neues Verfahren anstrengen, in dem geklärt werden musste, ob **Texas Chainsaw Massacre** wirklich nach § 131 gewaltverherrlichend ist.

Nach knapp drei Jahren des Kämpfens kam dann die Entscheidung eines Richters, dass der Film nicht gegen § 131 verstößt, dementsprechend nicht beschlagnahmt werden darf und somit die alte Beschlagnahme aufgehoben ist. Das war im Herbst 2011. Ein paar Monate später präsentierte Turbine die ultimative DVD/Blu-ray-Kombo von **Texas Chainsaw Massacre**, der nunmehr weder beschlagnahmt, noch indiziert ist (da nach der Aufhebung der Beschlagnahme Turbine bei der Bundesprüfstelle für jugendgefährdende Medien mit dem Antrag durchkam, den Film von der Liste der indizierten Filme zu streichen). Er ist nun mit einer „FSK 18"-Freigabe für jeden Erwachsenen frei zugänglich.

Turbine hätte es sich nach dem Sieg leichtmachen und den Film mit bekanntem Bonus-Material einfach in Deutschland auf den Markt bringen können. Stattdessen wollte man die ultimative Fassung des Films präsentieren. So sind in der Edition nicht nur DVD und Blu-ray in nie gesehener Bild- und Tonqualität (fehlende deutsche Passagen wurden stilecht nachsynchronisiert) enthalten, sondern auch Berge an Extras, mit denen man sich über viele Stunden hinweg beschäftigen kann.

Neben zwei Audiokommentaren mit dem Regisseur, dem Kameramann (der auch beim Remake diese Funktion innehatte) und den Darstellern gibt es vier Dokumentationen („The Shocking Truth", „Flesh Wounds", „Off the Hook" und „TCM – A Family Portrait"), die in fast vier Stunden auf alle Belange rund um die Produktion des Films eingehen. Hier bleibt kein Stein unumgedreht, was über diesen Horrorfilm zu sagen ist, das wird hier auch ausgesprochen.

Diese Boni sind von ausländischen Veröffentlichungen her bekannt (hier nun aber deutsch untertitelt). Neu und besonders interessant ist die gut zweistündige Expertenrunde rund um die Zensur-Geschichte im Allgemeinen, aber auch zu diesem Film im Besonderen. Hier kommen Medienwissenschaftler Dr. Stefan Höltgen, Soziologe Dr. Roland Seim und **Nekromantik**-Regisseur Jörg Buttgereit zu Wort.

Das könnte trocken sein, ist aber ein interessantes Gespräch, das mehr als nur das Zensurthema streift, sondern auch auf die Hintergründe des Terror-Kinos der 70er Jahre, Buttgereits Probleme bezüglich § 131 und sogar über **Final Destination** spricht, auch wenn es nur der Aufhänger ist, um darüber zu sprechen, warum Menschen sich Horrorfilme ankucken.

Komplimentiert wird dieses Gespräch durch ein 64-seitiges Booklet, „Die Akte TCM", die die

Zensurgeschichte des Films widergibt und auch Indizierungs- und Gerichtsbeschlüsse beinhaltet.

Außerdem gibt es noch entfallene Szenen, Outtakes, Bloopers und einen kurzen Vergleich zwischen Original und Remake, der auch genutzt wurde, um die Absurdität der Beschlagnahme des 1974er-Films deutlich zu machen – denn im nicht beschlagnahmten Remake geht es deutlich brutaler zur Sache.

Texas Chainsaw Massacre ist das Kernstück des Terror-Kinos der 70er Jahre. Seine rohe, urtümliche Kraft rührt sicherlich auch daher, dass die damals jungen Macher sich keine Grenzen setzten. Der Film lebt von einer desolaten, kontinuierlich bedrohlichen Stimmung. Es ist Atmosphäre, die hier für Unbehagen sorgt. Das ist umso bemerkenswerter, da der Film dem Titel zum Trotz eben keine Splatter-Granate ist.

So wird sich nun, da der Film wieder frei zugänglich ist und neue Interessenten anspricht, wohl so mancher wundern, dass der Film nicht das Effekt-Gewitter ist, das man angesichts seines berüchtigten Status erwarten könnte. So ist es durchaus denkbar, dass ein junges, modernes Publikum ihn möglicherweise als langweilig einstufen könnte, ist der Film doch auch den Mustern der 70er Jahre verpflichtet, nutzt also vergleichsweise lange Einstellungen, wie sie heute gar nicht mehr vorkommen.

Texas Chainsaw Massacre ist jedoch ein filmhistorischer Meilenstein, der für das Genre wegweisend war und nun – nach mehr als 25 Jahren – wieder frei in diesem Land zugänglich ist. Eine große Leistung, die Turbine Medien hier vollbracht hat.

Die weitere Saw-Saga ohne Tobe Hooper

New Line Cinema, das durch seine **Nightmare on Elm Street**-Reihe reich geworden ist, war an Leatherface und dem Kettensägenmassaker interessiert, nachdem Cannons Ausflug nach Texas wenig erfolgreich war. Man kaufte die Rechte an **TCM** und hoffte, dass aus Leatherface ein zweiter Freddy werden könnte. 1989 begann die Produktion von **Leatherface: The Texas Chainsaw Massacre III**, der von Jeff Burr inszeniert wurde, nachdem New Lines erste Wahl, zu der auch Peter Jackson gehörte, abgewunken hatte. Das Drehbuch wurde von dem Romanautor David J. Schow geschrieben, der sich bemühte, all das in den Film einzubringen, von dem er wusste, dass die Fans der Reihe es sehen wollen würden.

Für eine der Hauptrollen wurde Viggo Mortensen engagiert, von dem Produzent Mark Ordesky, der später auch für **Der Herr der Ringe** verantwortlich war, schon damals gewusst haben will, dass er einmal einer der ganz Großen werden würde. Burr und Schow wollten einen harten Horrorfilm erschaffen, doch zu jener Zeit war die Zensur durch die MPAA, dem amerikanischen Pendant der FSK, besonders rigide, weswegen der Film im Vorfeld zahlreiche Federn lassen musste und letztlich total verwaschen wurde.

Das rächte sich an der Kinokasse, an der das Publikum ihn im Januar 1990 größtenteils ignorierte. Und damit war das Kapitel TCM für New Line gestorben. Zumindest fürs Erste.

Im Jahr 1993 begannen Kim Henkel und Robert Kuhn mit der Arbeit an einem neuen Film, der das wahre Sequel sein sollte. **Return to the Texas Chainsaw**

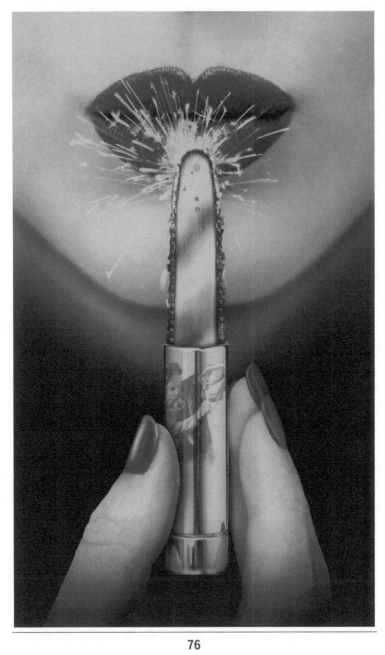

Massacre sollte dabei wieder weniger auf Gore, als auf Terror setzen und damit dem Original nahekommen. Henkel schrieb nicht nur das Drehbuch, sondern führte auch Regie.

Der Film wurde mit einem moderaten Budget von gerade mal 600.000 Dollar gedreht. Die Stars des Streifens waren die damaligen Nobodys Renee Zellweger und Matthew McConaughey. Wie nicht anders zu erwarten, erregte der Film bei seiner Premiere 1994 nicht viel Aufsehen, doch nachdem seine beiden Hauptdarsteller zu Stars avancierten, brachte man ihn 1997 noch einmal ins Kino. Der Erfolg blieb aber auch weiterhin eher gemäßigt.

Obwohl der Film viel Schelte einstecken musste, muss man ihm doch zugutehalten, dass Henkel versucht hat, die Figur Leatherface neu zu definieren, wobei er ihn auf geradezu unangenehme Weise zum Transvestiten machte, was wiederum viele Hardcore-Fans abstieß. Da der Film nicht für viel Aufregung an der Kinokasse sorgte, war das Interesse an einem weiteren Sequel natürlich nicht gegeben. Fast zehn Jahre mussten vergehen, bevor New Line mit einem Remake des Originals die Kinokasse so richtig zum Klingeln und damit das Blutgericht in Texas wieder in alle Munde brachte.

Der Verdienst des Remakes ist es nun, dass sich auch ein neues Publikum für das Original interessiert und es ebenso wie seine Fortsetzungen neu entdeckt werden kann. So manchem Zuschauer wird sich dann auch die heute noch rohe Kraft offenbaren, mit der Hooper einem Gewaltakt gleich damals einen Film erschuf, dessen Titel alleine schon unruhig werden lässt.

Texas Chainsaw Massacre ist zurecht einer der ganz großen Klassiker und Wegbereiter des Genres, der in einem Jahrzehnt entstand, das einige der aufwühlendsten und verstörendsten Filme aller Zeiten hervorgebracht hat. Als nächstes geht es mit der Reihe wieder zurück an den Anfang, diesmal mit **Leatherface**, der von Alexandre Bustillo und Julien Maury umgesetzt wurde.

TCM – Das Remake

Michael Bay sicherte sich mit der eigenen Firma Platinum Dunes die Rechte an Tobe Hoopers **Texas Chainsaw Massacre** und produzierte das Remake. Es war das Erfolgsrezept, das Bay auf diesen modernen Klassiker des Horrorfilms anwandte, der zur Blaupause aller späteren Remake-Versuche werden sollte.

Der Film war erfolgreich und er zeigte Hollywood auf, dass die teilweise rohen Filme der 70er fachgerecht umgesetzt ein gänzlich neues Publikum ansprechen konnten. Hier fanden sich tatsächlich zwei Faktoren, die dies begünstigten. Zum einen war und ist Horror zurzeit in, zum anderen haben viele Kinogänger von den teilweise berüchtigten Filmen schon einmal gehört – ein nicht zu unterschätzender Marketing-Wert.

Im Vorfeld dachte man noch, das neue Kettensägenmassaker würde gar von Bay selbst umgesetzt werden, doch der war sich stets darüber im Klaren, dass diese Art Film für ihn viel zu klein war.

Wo knapp 30 Jahre zuvor noch Tobe Hooper mit kleinem Budget drehte, war es nun der Videoclip-erfahrene Marcus Nispel, der vor Jahren Arnie Schwarzenegger in dessen Kampf gegen den Teufel in Szene hätte setzen sollen, aber wegen unberechtigter Staralüren schnell wieder an die Luft gesetzt wurde.

Nispel hatte seine Lektion gelernt und er machte sich an die Aufgabe, den alten Klassiker neu zu interpretieren. Dabei konnte er auf Drehbuch von Scott Kosar zurückgreifen, das sich ziemlich nahe am Original orientiert.

Der neue Film spielt in den 70er Jahren des vorherigen Jahrhunderts, was den direkten Vergleich erleichtert.

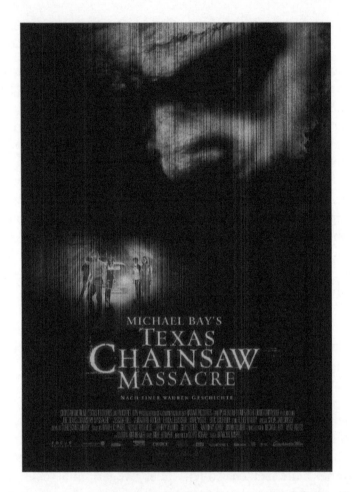

Hier wie dort ist es eine Gruppe von Jugendlichen, die vom rechten Weg abgekommen ist – und das nicht buchstäblich, sondern auch metaphorisch. Anders als im Original stellt das Remake dies noch mehr heraus, indem ein Mitglied der Saw-Family der Sheriff ist, der ein paar der jungen Leute auch direkt verhaftet.

Die Grundrichtung beider Filme ist dieselbe. Die Gruppe junger Leute gerät an Leatherface und die Seinen und wird einer nach dem anderen ums Leben gebracht, bis nur noch eine Frau übrigbleibt, die am Ende entkommen kann. Der neue Film variiert die Geschichte ein wenig, nimmt Elemente des Originals wie den Anhalter, findet aber ein noch drastischeres Ende für diese Sequenz.

Das zeigt auch schon, wes Geistes Film dies ist und karikiert die von Seiten von Platinum Dunes noch vor der Produktion getroffene Aussage, das Remake werde nicht so blutig wie das Original. Jeder echte Fan weiß – natürlich –, dass Hoopers Original nicht blutig ist. Die Gewalttaten des Originals werden angedeutet, suggeriert. Das Remake hält mitten drauf!

Eine Kugel, die durch einen Kopf geht, ein Bein das abgeschnitten und eine Wunde, die später mit Salz behandelt wird – all das sind Elemente des neuen Films, die auch eine Konvention an heutige Sehgewohnheiten sind, in denen drastische Effekte zwar durchaus noch schockieren, aber – und das weit wichtiger – bei einer solchen Geschichte und vor allem einem solchen Titel erwartet werden.

Nimmt man die Videoclip-Ästhetik und die Splatter-Szenen heraus, hat man im Endeffekt das Original. Der neue Film ist gelackter, sauberer in seiner Umsetzung und letzten Endes professioneller, aber das macht der Erstling durch seine pure rohe Kraft wett. Und dennoch: **Texas Chainsaw Massacre**, das Remake, ist ein gelungener Film, der es geschafft hat, die Geschichte neu aufzubereiten und einem neuen, großen Publikum näher zu bringen. Der phänomenale Kinoerfolg machte es natürlich notwendig, dass ein Sequel gedreht wurde, und dass weitere Remakes kamen.

Texas Chainsaw Massacre: The Beginning

Nachdem das Remake von **Texas Chainsaw Massacre** im Jahr 2003 für volle Kassen sorgte, war klar, dass man noch nicht das Letzte von Leatherface und seiner perversen Familie gesehen haben würde. Doch wie sollte es weitergehen, nachdem der Kettensägenschwinger einen Arm verloren hatte und die Familie auf der Flucht war?

Immer dann, wenn man nicht so genau weiß, in welche Richtung man sich bewegen will, dann empfiehlt sich ein Blick zurück. Und dieser Maxime folgten auch die Macher von **Texas Chainsaw Massacre: The Beginning**. Schließlich klingt es in der Theorie doch sehr aufregend herauszufinden, wo die Wurzeln des Bösen in Texas liegen.

Doch die Theorie kann trügen, denn der Film hat ein gewaltiges Problem. Nicht, dass er schlechtgemacht wäre, im Gegenteil. Regisseur Jonathan Liebesman beweist nach **Darkness Falls** und **Rings**, einem Kurzfilmprequel zu **Ring 2**, abermals, dass er ein Gespür dafür hat, Horror effektiv in Szene zu setzen, aber wo das Drehbuch Schwächen offenbart, kann auch der beste Regisseur nur bedingt etwas retten.

Das Problem ist hier, dass der Film nicht nur optisch, sondern auch inhaltlich ein Aufguss des Erstlings ist. Sicherlich gibt es hier ein paar „Enthüllungen", aber wie aus Charlie Hewitt Jr. der fiese Sheriff Hoyt wurde, wo die Beine des alten Knaben geblieben sind oder wen Leatherface als erstes abgemurkst hat, ist nicht unbedingt essenziell. Es ist der Anfang, ja, aber es wirkt deinen Deut anders als im Jahre später spielenden ersten Film.

Nach einem kurzen Abstecher ins Jahr 1939 mit der natürlich dramatischen Geburt von Leatherface gibt es einen Zeitsprung um drei Jahrzehnte. Wir folgen Eric und Dean, die beide nach Vietnam müssen und von ihren

Freundinnen Chrissie und Bailey gefahren werden. Ihr Weg führt sie natürlich durch Texas, wo sie Hoyt in die Arme laufen, der sich daran ergötzt, die jungen Menschen zu foltern, zu quälen und zu töten.

All das hat man auch schon im ersten Film gesehen, wobei der Beginn mindestens so routiniert ist wie das Ende, wenn die Hewitts im vorherigen Film ihr Kaff in Texas hinter sich lassen müssen.
Faktisch ist dies die Vorgeschichte, der Anfang, vom Gefühl her ist es aber nur eine weitere Schlachtplatte, die die Hewitts bereiten.

Das geht sogar so weit, dass man für die Opfer des ersten Films perfekte Pendants gefunden hat. Für Jessica Biel gibt es nun Jordana Brewster (**The Fast and the Furious**), für Eric Balfour springt Matthew Bomer ein (der beinahe Superman geworden wäre) und Taylor Handley (**O.C., California**) gleicht Mike Vogel so sehr, dass man meinen könnte, sie wären Brüder. Ergänzt wird das Trio noch durch Diora Baird.

Die Recken der Hewitt-Familie sind wieder allesamt versammelt, wobei anfangs vor allem R. Lee Ermey im Mittelpunkt steht, später aber deutlich an Screentime einbüsst, was sich erklärt, da Ermey den Dreh vorzeitig verlassen musste, um seiner Mutter am Sterbebett beistehen zu können.

Die Macher haben sich zu sehr auf die scheinbar so erfolgsversprechende Formel verlassen. Die Geschichte des Films ist eine einzige Klischee-Sammlung, die ein jeder erkennt, der den ersten Film auch nur mal nebenbei gesehen hat.

Das ist wohl auch der Grund, warum **Texas Chainsaw Massacre: The Beginning** an der US-Kinokasse nur 39 Millionen Dollar generieren konnte und damit weniger als die Hälfte als sein Vorgänger abwirft. Bei einem Budget von nur 16 Millionen Dollar ist ein Erfolg natürlich weiterhin gegeben, aber die Spirale deutet ganz klar nach unten.

Es tut Not, in einem weiteren Sequel die Opfer nicht zu eindimensionalen Fleischbällen zu machen, deren Wohlergehen dem Zuschauer herzlichst am Anus vorbeigeht, denn nur so lässt sich garantieren, dass sich der Schockeffekt und der generierte Suspense auch wirklich mit voller Breitseite aufbauen können.

Was unterm Strich bleibt, ist ein für sich gesehen effektiver Horrorfilm, der Unzulänglichkeiten in der Dramaturgie und Charakterzeichnung mit einem Übermaß an Brutalität zu kompensieren sucht. Wenn man künftig nicht aufpasst und genau abwägt, wie verfahren wird, dann könnte dieses Franchise schneller tot sein als eines von Leatherfaces Opfern.

Texas Chainsaw 3D

Im Jahr 2007 entschied man sich bei Platinum Dunes, die Remake-Reihe von **Texas Chainsaw Massacre** nicht fortzusetzen. Zwei Jahre später erwarb Twisted Pictures die Filmerechte von Bob Kuhn und Kim Henkel.

Anfangs hatte man einen sehr ambitionierten Plan. Man wollte eine Trilogie produzieren, die in nicht linearer Reihenfolge veröffentlicht wird. Der zweite Teil, der in einem Krankenhaus spielt, sollte zuerst kommen, während der nächste Film dann die Vorgeschichte erzählt. Man entschied sich schließlich für eine andere Herangehensweise und gestaltete die Geschichte von **Texas Chainsaw** so, dass der Film als direktes Sequel zu Tobe Hoopers Original aus dem Jahr 1974 funktioniert.

Die mörderische Familie Sawyer treibt noch immer ihr Unwesen. Jahrzehnte später und hundert Meilen von den grausigen Tatorten entfernt, erfährt die junge Heather, dass sie ein Anwesen in Texas von ihrer Großmutter, von der sie bislang nichts wusste, geerbt hat. Nachdem sie sich mit ihren Freunden auf den Weg gemacht hat, um ihre Wurzeln zu erkunden, findet sie heraus, dass sie die neue und einzige Besitzerin einer aufwendigen abgesonderten viktorianischen Villa ist. Was sie noch nicht weiß ist, dass tief unten im Keller ihres neuen Besitzes bereits etwas Grauenhaftes auf sie wartet ...

Texas Chainsaw ist eine Verbeugung vor dem, was zuerst gekommen ist. Dabei gibt es ein Wiedersehen mit vielen alten Gesichtern. Marilyn Burns, die als Sally im Originalfilm die Attacke von Leatherface überlebt hat, ist hier als Verna zu sehen. Gunnar Hansen, der 1974 Leatherface war, spielt nun Boss Sawyer und ist zugleich

in Archivmaterial aus dem Original als Kettensägenschwinger zu sehen. In der ersten Sequenz des Films ist John Dugan wieder als Grandpa zu sehen.

Und Bill Moseley, der im zweiten Teil der Reihe Chop Top spielte, ist nun Drayton Sawyer, der Koch der verrückten Familie.

Einer der Autoren des Films hat zwar noch keine Erfahrung mit Leatherface gesammelt, kennt aber einen anderen Horror-Helden sehr intim: Adam Marcus. Er schrieb und inszenierte 1993 **Jason goes to Hell – Die Endabrechnung**. Regisseur John Luessenhop ist horrortechnisch hingegen unbefleckt, er hatte zuvor den Actionfilm **Takers** inszeniert.

Der Film spielt im Jahr 2012, also fast 40 Jahre nach dem Original. Die Hauptfigur, die damals ein Baby war, sieht aber eher wie ein Twentysomething aus. Dafür ist sie knackiger, was wohl ausreichender Grund ist, dass dies so gehandhabt wurde. Inkonsistenzen wie diese darf man einem Horrorfilm des deftigeren Schlags eines Backwoods-Streifens aber im Grunde auch nicht übelnehmen. Denn die Ingredienzien, die diese Art von Film braucht, ist auf jeden Fall vorhanden. Ein paar ziemlich garstige Effekte lassen dieses Sequel deutlich härter erscheinen, als es das hauptsächlich auf Suggestion setzende Original war.

Neben der DVD präsentiert Highlight den Film auch als 3-D-Blu-ray. Mit der dritten Dimension wurde der Film in den USA auch im Kino gezeigt, hierzulande hat man sich aber gleich für einen Heimkinostart entschieden.

Ein interessanter Audiokommentar wird von Regisseur Luessenhop und Leatherface Dan Yeager gesprochen, gut 20 Minuten an Interviews und etwa 30 Minuten an Featurettes runden das Bonuspaket ab. In einer dieser Featurettes befasst man sich auch mit dem alten Bauernhof, auf dem die Geschichte sich blutig entwickelt.

Texas Chainsaw ist der nunmehr siebte FIlm der Reihe, weniger ein Neustart, als vielmehr eine Fortführung, die alles dazwischen missachtet, in etwa so, wie es **Halloween** H20 für **Halloween** war. Das Folterrad erfindet der Film nicht neu, Genre-Fans kommen jedoch auf ihre Kosten.

Leatherface

Das Kettensägenmassaker ist wohl die Reihe, die am häufigsten einem Neustart unterzogen wurde. Nach den Remakes aus der Michael-Bay-Schmiede wurde 2017 mit **Leatherface** ein neuer Versuch unternommen.

Das Skript schrieb Seth M. Sherwood, während mit den Regisseuren Alexandre Bustillo und Julien Maury ein Duo gefunden wurde, das mit Streifen wie **Inside** schon für deftige Genre-Kost gesorgt hat. Hier nun erzählen sie die Geschichte eines jungen Leatherface, der als Teenager mit drei anderen Insassen aus einer Psychiatrie entflieht, junge Leute entführt und einen mörderischen Road Trip unternimmt.

Bei der Besetzung gibt es ein paar bekannte Namen. Neben Stephen Dorff (**Blade**) taucht hier auch Finn Jones (**Iron Fist**) auf. Zudem ist Lili Taylor dabei, die für die eigentlich vorgesehene Angela Bettis einsprang, die aus Termingründen absagen musste.

Dies ist der erste Film der Reihe, der nicht in den USA gedreht wurde. Aus Kostengründen verlegte man die Dreharbeiten nach Bulgarien. Dafür hat man das Sawyer-Haus so aufgebaut, wie es vor mehr als 40 Jahren in Tobe Hoopers originalem Film ausgesehen hat.

In Deutschland erschien der Film ungekürzt bei Turbine, wo man auch lange dafür gekämpft hatte, die beiden ersten Filme des Franchises von der Beschlagnahmung zu befreien.

Albträume mit Freddy und Tobe

Nach dem großen Erfolg des vierten Films und dem beständig größer werdenden Verkauf von Merchandise-Produkten, die von Freddys Antlitz geschmückt wurden, war es nur eine Frage der Zeit bis auch der Traumkiller auf den kleinen Bildschirm wechseln würde.

Anders als bei der Fernsehserie **Friday the 13th (Erben des Fluchs)** und später **Poltergeist – The Legacy (Poltergeist)** musste für **Freddy's Nightmares – A Nightmare on Elm Street: The Series** nicht nur der Titel der erfolgreichen Filmserie herhalten, sondern präsentierte auch den Star der Filme.

Die von New Line Cinema, Lorimar Television und Stone Television produzierte Serie ging 1988 an den Start und sah im Vorfeld wie ein vielversprechender neuer Zugang im harten Seriengeschäft aus. Die Vorzeichen für die neue Serie standen gut, da neben Tobe Hooper, der für den Pilotfilm engagiert wurde, auch zahlreiche andere, im Genre sehr versierte Regisseure zum Zug kommen sollten. So finden sich hinter den Kulissen Namen wie Ken Wiederhorn (**Return of the Living Dead II / Toll trieben es die wilden Zombies**), Tom McLoughlin (**Friday the 13th, Part VI / „Freitag der 13., Teil VI**), Dwight H. Little (**Halloween IV**) und Mick Garris (**The Stand**).

Abgerundet wurde das Ganze durch die Einbeziehung von Produktionsdesigner Mick Strawn, der bereits am dritten und vierten Film beteiligt war und sich nun mit dem begrenzten Budget mühte, einen annähernd vergleichbaren Look zu schaffen, dabei aber letztlich scheitern musste.

In der Anfangsphase waren freilich alle Beteiligten voller Enthusiasmus, aber der sollte sich nach

Freddy's Nightmares
A Nightmare
ON ELM STREET
THE SERIES

A MEETING OF THE MINDS -- Freddy dissects a little
fun from a college coed who chose to experiment in
the science lab on Halloween night.

F. N. #4

baldiger Ernüchterung schnell abkühlen. Robert Englund
hatte es dabei fast noch am besten erwischt. Er war zwar
der Star der Serie, musste aber nur selten mehr als einen
Tag pro Woche an den Dreharbeiten teilnehmen. Er hatte
lediglich die Eröffnungs- und Schluss-Sequenzen zu
drehen, in denen Freddy seine markigen Sprüche zum
Besten gibt während die Geschichte in völlig andere
Richtungen ging (und die notwendige Traumthematik bis
zum Erbrechen zelebrierte) und andere Hauptdarsteller
hatte. Nur in wenigen Folgen bekam Englund mehr zu
tun, wenn denn einmal die seltene Gelegenheit
auftauchte, dass Freddy tatsächlich Bestandteil der
Handlung war.

Von daher konnte Englund sehr zufrieden sein, da
er quasi der Hauptdarsteller war, als solcher bezahlt
wurde und dabei nicht allzu viel Arbeit hatte, weswegen
er auch andere Projekte verfolgen konnte. Die Freude

hielt aber nicht lange, da er als Star der Serie durchaus auch in den Blickpunkt der Kritik geraten konnte, obwohl er letztlich nur wenig an der Situation ändern konnte.

Interessant für Englund war allenfalls auch noch die Gelegenheit, mit etablierten Regisseuren zu arbeiten, auch wenn diese z.T. nur in Horror-Kreisen Bekanntheit und Anerkennung genossen. Immerhin konnte er mit Tobe Hooper ein weiteres Mal zusammenarbeiten. Der Pilotfilm blieb jedoch auch Hoopers einziger Beitrag zur Serie, was wohl auch daran lag, dass er von Anfang an nicht sonderlich erpicht darauf war, einen Pilotfilm in gerade mal sechs anstelle der üblichen acht Tage abzudrehen.

Überhaupt kam Hoopers Beteiligung an der Serie nur zustande, weil er Robert Shaye noch einen Gefallen schuldig war und dieser ihn nun einforderte. Zwar gab sich Hooper gegenüber einem Interview mit „Fangoria" noch begeistert von der Serie und stellte weitere Regiearbeiten in Aussicht, aber das Ausbleiben derselben spricht wohl eine deutliche Sprache.

Neben der Prämisse einer Anthologieserie, bei der Freddy lediglich als Kommentator auftrat, sorgte auch die Zensur für ein noch schlechteres Abschneiden der Serie. Die Produzenten waren davon ausgegangen, dass **Freddy's Nightmares** eine spätere Ausstrahlung ab etwa 21:00 Uhr erhalten sollte, aber viele Sender der in Syndication vertriebenen Serie planten sie auch schon im Vorabendprogramm ein. Und dafür waren freilich einige Schnitte nötig. Der Effektepegel war ohnehin schon stark zurückgeschraubt, aber einige härtere Szenen, die in den Drehbüchern noch vorkamen, fielen bei den Zensoren der verschiedenen Sender schnell der Schere zum Opfer.

Angesichts der fragwürdigen Qualität der Serie, bei der sich ein schwaches Drehbuch an das andere anschloss und diese auch nicht von routinierten Regisseuren gerettet werden konnten, verwundert es nicht allzu sehr, dass anfangs gute Einschaltquoten schnell in den Keller absackten. Der einzig wirkliche Aktivposten, den die Serie hatte, war Robert Englund, dessen Spiel nach wie vor sowohl gut als auch unterhaltsam war.

Nach dem ersten Jahr mussten sich die Produzenten zusammensetzen und entscheiden, ob sich eine zweite Season von **Freddy's Nightmares** überhaupt lohnen würde. Die Situation des Franchises hatte sich inzwischen auch schon stark verändert. Während die erste Season an den Start ging und den immens erfolgreichen vierten Teil im Rücken hatte, war inzwischen der fünfte Teil ausgewertet worden und musste, wenn schon nicht als Flop, so doch als Enttäuschung angesehen werden. Das Einspielergebnis des Filmes hatte sich im Vergleich zum Vorgänger mehr als halbiert, was freilich die Frage aufwarf, ob Freddy mit Filmen und einer eigenen Serie nicht zu stark vertreten war und somit das Interesse des Publikums auf lange Sicht nicht gehalten werden konnte.

Nach langer Beratung entschloss man sich jedoch, der Serie mit einer zweiten Season noch eine Chance zu geben. Da die Produktion des sechsten Films in den Hintergrund geschoben wurde und dieser Film nicht wie zuvor im darauffolgenden Jahr Premiere haben würde, hoffte man, mit der Fernsehserie einen anhaltenden Erfolg zu erzielen.

Probleme stellten sich jedoch in Form von Robert Englund ein, der keine besondere Lust auf eine weitere Season hatte. Nach einigen Verhandlungen, bei denen man Englund als Bonbon die Möglichkeit zum

Regieführen zugestand, war der Vertrag jedoch unter Dach und Fach und die Alpträume von Springwood konnten erneut beginnen.

Bei der zweiten Season versuchte man alles besser zu machen, scheiterte jedoch abermals. Die Produzenten Scott Stone, Bill Froehlich und Gil Adler heuerten neue Autoren an und verpflichteten einige der Regisseure, die in der ersten Season gute Arbeit geleistet hatten, ein weiteres Mal. Die vermeintlich höhere Qualität der Drehbücher ist aber bestenfalls marginal und kann nicht darüber hinwegtäuschen, dass die zweite Season der ersten in so gut wie nichts nachsteht.

Zwar ist es wahr, dass man etwas von den Teenagern als Protagonisten wegging und es diesmal mehr mit Erwachsenen versuchte, aber das war im Endeffekt kein besonders großer Unterschied bei der billigen Produktion. Freddy war nach wie vor nur der Moderator, der in den seltensten Fällen aktiv am Geschehen beteiligt war. Von daher blieben die eigentlichen Geschichten für die echten Fans annähernd uninteressant und konnten auch das andere Publikum aufgrund ihrer Unzulänglichkeiten nicht befriedigend bedienen.

Da es keine erheblichen Veränderungen bei der Produktion oder den gebotenen Geschichten gab, dauerte es nicht lange bis die zweite Season zu Ende ging und **Freddy's Nightmares** den Weg vieler Serien vor ihr ging. Mehr oder minder sang- und klanglos verschwand die Serie und fand ihr verdientes Grab im staubigen Archiv seiner Produktionsfirma. Wie wenig erfolgreich oder interessant die Serie wirklich war, zeigt sich auch daran, dass sie seit der Erstausstrahlung in den USA kaum wiederholt wurde. Während ansonsten jeder Müll die x-te Auswertung erfährt, wollte man den Traumkiller ob der niedrigen Qualität scheinbar nicht mehr auf das ahnungslose Publikum loslassen.

Ahnungslos war auch der deutsche Videomarkt, der 1989 mit acht Videokassetten von **Freddy's Nightmares** beglückt wurde. Darauf befanden sich jeweils zwei Episoden aus der ersten Season der Serie, die jede von einem recht schönen Freddy-Cover geschmückt wurden.

Da sich die Nightmare-Mania damals auch bei uns auf ihrem Höhepunkt befand und sich die einzelnen Filme in den Videotheken zu Hits entwickelt hatten, war es freilich ein cleverer Schachzug, die Serie ebenfalls ins Programm zu nehmen und als neue Filme zu vermarkten.

Die Rechnung ging jedoch nicht auf, da die Konsumenten schnell dahinterkamen, von welch minderer Qualität diese vermeintlich neuen Filme tatsächlich waren. Die meisten liehen sich ein oder zwei Kassetten aus und erlebten dann zu Hause eine herbe Enttäuschung, die das Interesse an weiteren **Freddy's Nightmares** schnell beendete. Ohne weiterreichende Informationen – die Videofachpresse handelte diese Kassetten fast ausnahmslos pauschal ab – blieb den Fans auch nichts anderes als das Fiasko aus erster Hand kennenzulernen. Es dauerte nicht lange bis sich die mindere Qualität dieser Kassetten herumgesprochen hatte und die einzelnen Folgen wie Blei in den Regalen der Videotheken liegenblieben.

Wer sich heute noch dafür interessiert, der wird in der Horror-Abteilung der meisten Videotheken noch fündig, auch wenn es nur noch selten vorkommt, dass alle acht Kassetten vorrätig sind. Erstaunlich ist jedoch auch, dass die Serie nie den Weg ins deutsche Fernsehen

gefunden hat. Zugegeben wäre sie Ende der 80er, Anfang der 90er Jahre vielleicht noch etwas zu hart hierfür gewesen, aber Serien wie **War of the Worlds (Krieg der Welten**), bei denen der Kampf mit den Außerirdischen nicht gerade zimperlich verlief, hätten auch hier den Weg ebnen müssen.

Angesichts der Tatsache, dass ein Flop wie **Freddy's Nightmares** trotz des zugkräftigen Stars keine allzu hohen Lizenzgebühren haben kann, verwundert es schon, dass nicht wenigstens einer der kleineren Sender zugeschlagen hat. Immerhin wird auch hierzulande so gut wie jeder Müll bis zum Abwinken wiederholt. **Freddy's Nightmares** ist ganz ohne Zweifel eine schlechte Serie, aber trotzdem sollte sich ein Sender doch ihrer annehmen, da das deutsche Publikum auch die Möglichkeit haben sollte, über die gebotene Qualität selbst zu entscheiden.

No More Mr. Nice Guy (Freddy – Wie alles begann)
EA: 09.10.1988
Regie: Tobe Hooper
Drehbuch: Michael DeLuca, David Ehrman, Rhet Topham
Darsteller: Robert Englund (Freddy Krueger), Ian Patrick Williams (Tim Blocker), Anne Curry (Sara Blocker), Mark Herrier (Gene Stratton), William Frankfather (Deeks), Tyde Kierney (Doc), Gry Park (Lisa Blocker), Hili Park (Merit Blocker), Alba Francesca, Tammara Souza (Mary Ann), Robert Goen, Steven D. Reisch, Gwen E. Davis

„This time it isn't one of your nightmares. This one was mine."
„Diesmal ist es keiner von euren Alpträumen. Dieser hier ist meiner."
Freddy

Fred Krueger steht vor Gericht. Er hat in Springwood unzählige Kinder auf bestialische Weise ermordet und muss sich nun den Konsequenzen stellen. Eine Verurteilung kommt jedoch nicht zustande, da der Pflichtverteidiger von Krueger seine Arbeit sehr ernst genommen und herausgefunden hat, dass die dem Gericht vorgelegten Beweise illegal angehäuft wurden. Lt. Tim Blocker hatte nämlich bei Freddys Verhaftung vergessen, ihm seine Rechte vorzulesen, was nur zu verständlich ist, da er damals gerade noch rechtzeitig seine eigenen zwei Töchter vor dem Killer retten konnte.

Nun wird Freddy also aufgrund dieser Verfahrensfehler auf freien Fuß gestellt obwohl jeder weiß, dass er verantwortlich für den Mord an den Kindern ist.

Vor dem Gerichtsgebäude beratschlagen die aufgebrachten Eltern, was man nun am besten machen soll. Der Staatsanwalt, der zeit seines Lebens an das System geglaubt hat und nun bitter enttäuscht wurde, spricht sich dafür aus, selbst für Gerechtigkeit zu sorgen. Auch die anderen sind sofort damit einverstanden, Fred Krueger für seine Taten bezahlen zu lassen.

Als Blocker ins Revier fährt, warnt ihn seine Tochter noch davor, Freddy auf keinen Fall zu töten, da dadurch alles noch schlimmer werden würde. Von seinem Kollegen erfährt er schließlich, dass ein aufgebrachter

Lynchmob nach Freddy sucht. Blocker ist darüber nicht glücklich, da er an das Gesetz glaubt und dessen Brechung nicht erlauben kann.

In der alten Fabrik, in der Freddy seine Opfer verstümmelte, findet der Mob sein Opfer nicht. Als sie kurz darauf durch die Stadt ziehen, vertreiben sie Freddy vor Blockers Haus. Dieser hat kurz zuvor einen Polizisten getötet und möchte sich nun auch gerne Blockers Kinder vornehmen, erhält dazu aber keine Gelegenheit.

Kurz darauf kommt Blocker zu seinem Haus und als der Lynchmob weiterzieht, schließt er ihm sich an, um die braven Bürger vor sich selbst zu schützen. Tatsächlich finden sie Freddy auch und als dieser beginnt, Blocker zu verspotten und damit droht, auch seine Mädchen noch zu erledigen, kann der Polizist nicht mehr an sich halten. Er übergießt Freddy mit Benzin und zündet ihn an. Während Freddy verbrennt, verflucht er sie alle und droht zurückzukommen.

Und das tut er auch tatsächlich, denn als Traumkiller ist Freddy gefährlicher als je zuvor. Blocker muss als erstes seinen Einfluss spüren. Bei einem Alptraum wird er von Freddys Klingenhandschuh attackiert und findet nach dem Erwachen eigenartige Wunden an sich.

Er tut diese Träume als Gewissensbisse ab, da er als Vertreter des Gesetzes es noch immer nicht fassen kann, einen Menschen kaltblütig ermordet zu haben.

Von seinem Kollegen Gene erfährt er, dass das FBI sich nun der Jagd auf Freddy annimmt. Blocker gesteht Gene, dass die Bundesagenten ihn kaum finden werden, da er ihn getötet hat. Nun macht er sich natürlich wegen des FBI Sorgen, aber Gene beruhigt ihn. Keiner wird reden und er selbst wird Freddys Leichnam verstecken.

Wenig später hat Blocker mit dem Auto einen Unfall, bei dem er sich einen Zahn abbricht. Dabei erfährt er über Funk, dass in der alten Fabrik eine Leiche gefunden wurde. Blocker glaubt erst, es sei Freddys, aber die hat Gene ja versteckt. Wie sich herausstellt, ist die Leiche in der Fabrik niemand anders als der Staatsanwalt. Blocker verliert daraufhin immer mehr die Nerven, umso mehr als seine Tochter Andeutungen macht, dass Freddy zurückgekehrt ist.

An diesem Morgen fährt er zum Zahnarzt, der auch zu dem Lynchmob gehört hat. Dort will Blocker seinen Zahn behandeln lassen. Bevor es soweit kommt, sucht Gene ihn auf und möchte ihn beruhigen. Blocker ist wegen des FBI in Panik und Gene erzählt ihm, dass das FBI nie kommt und er das auch nie behauptet hat.

Völlig in Panik erhält Blocker eine Betäubung für die folgende Behandlung und schläft ein. In diesem Traum besucht ihn Freddy ein letztes Mal und vollführt eine Zahnbehandlung wie er sie sich vorstellt. Natürlich überlebt Blocker die Behandlung nicht, wobei es so aussieht als wenn er die Betäubung nicht verkraftet hätte.

Mit **Freddy's Nightmares** hatte man gehofft, den großen Wurf zu machen und das erfolgreiche Franchise auch im Fernsehen zu einem Hit zu machen. Das dem dann aber doch nicht so war, liegt an vielerlei Gründen.

Ganz krass gesagt ist dies eine Serie, die zwar noch den Charakter Freddy Krueger mit **A Nightmare on Elm Street** gemein hat, aber ihre Geschichten nicht nur eine Spur, sondern gleichen deren zwei oder drei, kleiner abspielt.

Die im Pilotfilm dargebotene Geschichte kann ja noch einigermaßen überzeugen, auch wenn dieser Hintergrund längst bekannt ist und für die Mattscheibenversion auch leicht verändert wurde. Ganz eklatant ist freilich die Umbesetzung des Polizisten. Von einem Lieutenant Blocker hatte man in keinem Film zuvor etwas erfahren, wobei es dort auch gängig ist, dass Nancys Vater Don Thompson ganz vorne beim Lynchen von Freddy dabei war. Nun ist jedem klar, dass man John Saxon für ein eher schwaches Drehbuch wie dieses wohl kaum hätte verpflichten können, umso mehr, da man mit einem engen Budget hantierte und ohnehin schon an allen Ecken und Enden sparen musste, aber dann hätte man vielleicht eher daran denken sollen, eine andere Geschichte zum Einstieg in diese neue Serie zu erzählen. Immerhin war die hier gezeigte Version ohnehin schon mehr oder minder bekannt und ließ darum auch nicht sonderlich viel Spannung aufkommen.

Vielversprechender wäre es wohl gewesen, hätte man Freddys reales Leben vollkommen ausgespart und gleich mit seinen ersten Traummorden begonnen. Daraus hätte sich bei den begrenzten Möglichkeiten dieser Serie vielleicht etwas machen lassen, aber so verpufft die Episode letztlich im Nichts.

Besser wird die Geschichte auch nicht durch eine Art Zweiteilung in der Mitte, die wohl den einzigen Grund hatte, den Syndication-Sendern die Möglichkeit zu geben, aus jeder Episode einen Zweiteiler zu machen und damit die schiere Anzahl an vorhandenen Folgen zu erhöhen. Dieser Vorgehensweise blieb man auch im weiteren Verlauf der Serie treu, was aber den einzelnen Geschichten eigentlich nicht zum Vorteil gereicht und einen Bruch in der Erzählung zurücklässt.

Der wird zwar dadurch kaschiert, dass man Freddy – nun schon mit Pizzagesicht – kurz Bilanz ziehen lässt und dann mit der Geschichte fortfährt, aber bei diesem Verfahren ist es nur schwer möglich, den Spannungsbogen zu halten, was umso mehr gilt, wenn man von vier bis fünf Werbeunterbrechungen im amerikanischen Fernsehen ausgeht.

Ein weiteres Minus sind die Schauspieler, die allesamt der zweiten Garnitur zu entstammen scheinen. Keinem von ihnen gelingt es, ihre Rollen mit Leben zu erfüllen. Besonders farblos bleiben die Zwillinge Gry und Hili Park, die für die Entwicklung von Lt. Blocker wichtige Szenen gehabt hätten. Allenfalls William Frankfather als Staatsanwalt kann einigermaßen überzeugen, rettet dabei aber auch nicht mehr all zu viel.

Der einzige Schauspieler, der hier wirklich gut wegkommt, ist wieder einmal Robert Englund, der in seinen wenigen Szenen als Freddy einmal mehr coole One-Liner reißen darf. Es dürfte ihm auch gefallen haben, dass er in der ersten Hälfte ohne Maske auftreten und den menschlichen Freddy darstellen konnte. Dabei sieht man sein Gesicht aber leider auch nicht, da man sich dafür entschied, ihn entweder von hinten zu zeigen oder sein Antlitz im Schatten zu verstecken. Welchen Zweck dies verfolgen sollte, bleibt leider unklar.

Einzig bemerkenswert an dieser Episode ist die Todesszene von Freddy. Schon bevor er mit Benzin übergossen wird, weiß der Killer, dass er unsterblich ist und wiederkommen wird. Dies nimmt im Endeffekt all das voraus, was man über Freddys Tod im sechsten Teil **Freddy's Dead** erfährt. Das sollte aber nicht überraschen, wenn man die Credits dieses Pilotfilms und des sechsten Kinofilms vergleicht.

Bei beiden war Michael DeLuca als Autor dabei, wobei das schlechte Ergebnis des Pilotfilms vielleicht auch auf seine Co-Autoren zurückzuführen ist, da DeLuca an und für sich eigentlich bei der Drehbuchentwicklung recht begabt ist.

Insofern diente diese Serie, bei der DeLuca noch andere Drehbücher schrieb, die aber aufgrund der Vorgaben ebenfalls nicht sonderlich toll sind, als Fingerübung für den Autor, nach der er mit dem Drehbuch zum sechsten Teil glänzen konnte.

Als Manko erweist sich natürlich auch das niedrige Budget, mit dem man weder einfallsreiche Traumsequenzen herstellen kann, noch ein paar phantasievolle Tode zustande bringt. Während man bei letzterem ohnehin vorsichtig sein musste, wie weit man denn im Fernsehen gehen konnte, wiegt letzteres viel schwerer. Die Traumszene, in der Blocker vor seinem Haus steht und ein Paket in Empfang nimmt, ist in grauenhaften Farben ausgeleuchtet und soll wohl eine surreale Stimmung hervorrufen, mit der man scheinbar hoffte, das billige Set in Vergessenheit zu bringen. Das funktioniert aber noch nicht einmal bedingt, sondern wirkt einfach nur lächerlich.

Mit ein Grund für die allgemein schrecklichen Farben ist die Entscheidung, die Serie nicht auf echtem Film, sondern direkt auf Videoband zu drehen, was eigentlich nie zu einem befriedigenden Ergebnis kommen kann und letztlich nur billig wirkt.

Daran ändern auch Freddys Visionen nichts, die in grobkörnigen Bildern seinen Blick für die Dinge offenbaren. Als er das Gerichtsgebäude als freier Mann verlässt, blickt er auf das Publikum und sieht sie alle niedergemetzelt am Boden liegen. Diese Szene, die später mit anderen Charakteren noch einmal kommt, wirkt zwar nicht unbedingt schlecht, wird aber durch das schlechte Filmmaterial torpediert. Lediglich als Blick auf Freddys Seele und seinen kranken Geist, der nicht in der Lage ist, die Welt „normal" zu sehen, überzeugt diese Sequenz.

Uninspiriert muss man auch die Regie nennen, wobei Tobe Hooper aber durchaus mildernde Umstände für sich in Anspruch nehmen kann. Wie es sich für einen Pilotfilm gehört, hatte der Regisseur mit einer Drehzeit von acht Tagen gerechnet, musste dann aber doch in nur sechs Tagen fertig werden. Gut möglich, dass diese Entscheidung der Produzenten ihn genug frustriert hat, um von vornherein für einen Mangel an Enthusiasmus zu sorgen. Auf der anderen Seite ist aber auch nur schwer vorstellbar, dass unter den gegebenen Umständen Hooper oder irgendein anderer Regisseur eine wirklich gute Episode aus dem Drehbuch gemacht hätte.

Für Hooper war dieser Pilotfilm wie so vieles andere in seinem Leben ohnehin nur Auftragsarbeit, an der nicht sein Herz hing. Immerhin handelte es sich um Horror, dem der Regisseur, der stets versucht hatte, in den Mainstream überzuwechseln, nach seinem Debüt mit **Texas Chainsaw Massacre** nie mehr entkommen konnte.

Wie mit seiner Arbeit für **Brennen muss Salem** bewiesen, fühlt sich Hooper auch im Fernsehen zu Hause und verlegte sich dabei vor allem auf Pilotfilme, bei denen stets mehr Geld und Zeit als bei normalen Episoden zur Verfügung steht.

Seine beiden wichtigsten Arbeiten sind hier die Pilotfilme zu **Dark Skies** und **Nowhere Man**, die beide schnell wiedereingestellt wurden. Außerdem inszenierte er auch unabhängige Filme für das Fernsehen wie eine Folge von John Carpenters Episodenfilm **Body Bags**.

Mit „Sister's Keeper" wurde wenig später ein Sequel nachgeschoben, das man aber getrost als grottenschlecht bezeichnen kann. Anders als im Großteil der anderen Episoden taucht Freddy hier in der Handlung auf und beschränkt sich nicht nur auf den Geschichtenerzähler. Trotz der Geschichte, in der er hinter den Zwillingen her ist, wird ihm nur sehr wenig Platz eingeräumt. Ansonsten bleiben sämtliche Mankos beim Alten und sorgen für eine weitere Episode, die nichts Anderes als Zeitverschwendung ist.

30. DEAD WAIT (TÖDLICHER HINTERHALT)

US-Erstausstrahlung: 3. Juli. 1991
Buch: Gilbert Adler, A. L. Katz
Regie: Tobe Hooper
Darsteller: Vanity (Kathrine), Paul Anthony Weber (Charlie), Whoopi Goldberg (Peligree), James Remar (Red Buckley), Orlando Bonner (Bartender), Henry Brown (Phillipe), John Rhys-Davies (Emil Duval)

Red Buckley erfährt, dass Emil Duval eine seltene und extrem wertvolle schwarze Perle besitzt. Er freundet sich mit Emil an, hintergeht ihn aber schnell mit dessen Freundin Kathrine. Beide schlafen miteinander und entwickeln den Plan, Emil um die Perle zu erleichtern. Doch bevor es soweit ist, gibt es einen Aufstand der Rebellen in dem kleinen karibischen Land.

Emil will, dass Red Kathrine mit dem Militärkonvoi von hier wegbringt. Doch Red hat andere Pläne. Er lauert Emil auf und fordert die schwarze Perle. Als er sie ihm nicht geben will, weil er es nicht kann, erschießt er ihn. Red durchsucht die Leiche und ihm wird klar, dass Emil die Perle geschluckt hat. Er schneidet den Körper auf und findet die Perle im Darm. Nun will Kathrine ihn töten und sich der Perle bemächtigen, doch sie wird von der Voodoo-Priesterin Peligree ermordet.

Peligree hilft Red, der keine Ahnung hat, warum sie das tut. Doch dann erklärt Peligree es ihm. Bei ihrem Volk gelten rote Haare wie er sie hat als sehr mächtig und wertvoll. Darum will sie nun seinen Kopf...

Auf Humor verzichtet man in dieser Folge von Tobe Hooper ganz. Dafür bietet man eine ernsthafte Horror-Story mit Menschen, die einander bei jedweder Gelegenheit verraten. Und mehr noch als das, diese Folge weist viel Gore auf, etwa dann, als Red in der Bauchhölle von Emil herumwühlt oder am Ende einen Kopf kürzer gemacht wird.

Der Epilog mit dem Cryptkeeper ist diesmal etwas anders als üblich. Er ist praktisch ein Talk-Show-Host und hat Whoopi Goldberg auf der Couch. Neben ein paar sprachgewandten Gags zu **The Color Purple (Die Farbe Lila**, 1985) und den Academy Award gibt es eine amüsante letzte Einstellung, in der Whoopi dem Zuschauer zublinzelt.

Die Folge selbst hat sehr viel Stimmung und Atmosphäre zu bieten. Die schwüle Hitze des nicht näher bezeichnenden Landes liegt schwer in der Luft. Neben Sex (mit Vanity) und Gore (mit John Rhys-Davies) gibt es James Remar in einer Rolle als wirklich verkommenen Verbrecher, für den Geld alles ist. Whoopi Goldbergs Rolle ist klein und hat eigentlich mit der Haupthandlung nichts zu tun, aber dafür gehört ihr der letzte Twist. Für Hooper ist dies eine der besten Arbeiten, die er in den letzten 20 Jahren abgeliefert hat.

Stephen King

So gut wie jeder große Horrorfilm-Regisseur hat im Lauf seiner Karriere auch mal einen Stephen-King-Stoff umgesetzt. Immerhin ist er einer der erfolgreichsten Autoren aller Zeiten. Tobe Hooper hat gleich zwei Filme umgesetzt: **Salem's Lot** und **The Mangler**.

Geboren wurde der „King of Horror" am 21. September 1947 in Portland, Maine. Als King zwei Jahre alt war, verließ der Vater die Familie. Seine Mutter musste ihn und seinen Stiefbruder großziehen. Schon als Kind interessierte er sich für Horror und liebte die EC Comics wie „Tales from the Crypt". Als Teenager schrieb er erste kurze Geschichten. King studierte Englisch an der University of Maine und schloss dort mit einem Bachelor of Science im Jahr 1970 ab. Später wurde er Lehrer und heiratete 1971 seine Frau Tabitha. Gleichzeitig schrieb er weiterhin Kurzgeschichten und versuchte sich auch an seinem ersten Roman, „Carrie", den er so schlecht fand, dass er ihn in den Papierkorb warf, wo Tabitha ihn wieder herausfischte.

King reichte das Buch bei Verlagen ein, wobei Doubleday Interesse zeigte. Nachdem ihn der Verkauf des Buches ermutigt hatte, schrieb er an seiner nächsten Geschichte, die schließlich „Brennen muss Salem" werden sollte. Im schnellen Ablauf verfasste King nun weitere Romane, darunter „The Shining" und „The Stand – Das letzte Gefecht". Die Bücher erwiesen sich als Erfolg und in den 80er Jahren entwickelte sich King zu einem Bestseller-Autor, wie es ihn im Horror-Genre so noch nicht gegeben hatte.

Schon früh begannen Filmemacher sich auch für Kings Romane zu interessieren. Die erste Filmadaption

The ultimate in terror!

SALEM'S LOT

Full-Length Miniseries

war Brian DePalmas **Carrie – Des Satans jüngste Tochter** (**Carrie**, 1976). In den 80er Jahren waren die Filme nach Kings Romanen besonders populär. King wurde zu einem der produktivsten Autoren, der Erfolgsroman über Erfolgsroman schrieb und Startauflagen hatte, die in die Millionen gingen. Zu seinen Erfolgen gehören Titel wie „Es", „Misery", „Friedhof der Kuscheltiere", „Dead Zone", „Christine" und viele mehr.

Zudem begann er Ende der 70er Jahre mit seinem Magnum Opus, den „Der Dunkle Turm"-Romanen. Sieben Bücher waren geplant, wobei die Serie erst Anfang des Jahrtausends abgeschlossen wurde. Die letzten Romane schrieb er in schneller Folge, nachdem er 1999 bei einem Unfall schwer verletzt worden ist. Ein Mann fuhr King an, was zu schweren Knochenbrüchen in den Beinen führte, so dass eine Amputation in Betracht gezogen wurde, man dann jedoch versuchte, die Knochen mit einem externen Fixateur zu stabilisieren. Da King sich nun mit der eigenen Sterblichkeit auseinandersetzen musste, wollte er die Turm-Saga so schnell wie möglich abschließen.

King veröffentlichte in den späten 70er und frühen 80er Jahren ein paar Romane unter dem Pseudonym Richard Bachman, weil er testen wollte, ob er seinen Erfolg noch einmal duplizieren könnte. Die Bücher liefen gut, aber erst als bekannt wurde, dass sie von King sind, wurden sie Bestseller.

Nach seinem Unfall verringerte sich sein Output, da ihm das längere Sitzen noch immer Schmerzen bereitet. Aber King ist nach wie vor aktiv. Seit ein paar Jahren werden von Marvel einige von Kings Arbeiten als Comics umgesetzt, darunter „The Stand".

Außerdem erlebt King gerade in Hollywood eine Renaissance. Dort hat man mit der Produktion von zwei großen Stoffen begonnen. Zum einen wird die Turm-Saga in mehreren Filmen und Fernsehserien verfilmt, während man bei Warner an einer Kinoversion von **The Stand** arbeitet, die möglicherweise aus mehr als nur einem Film bestehen wird.

King, der 1986 selbst den Film **Rhea M – Es begann ohne Warnung (Maximum Overdrive)** nach seinem Roman „Trucks" drehte, ist einer der meistverfilmten Autoren aller Zeiten. Bis heute sind mehr als 120 Filme und Serien nach seinen Romanen und Kurzgeschichten enstanden. Ein Dutzend weiterer Filme und (Mini-)Serien befindet sich derzeit in (Vor-)Produktion.

Taken

Nicht alle Außerirdischen sind freundlich. Nach der unheimlichen Begegnung der dritten Art und dem außerirdischen Besucher E.T. präsentiert Steven Spielberg die dunkle Seite der Aliens.

Die Idee für **Taken** hatte Spielberg bereits 1999. Er wollte die ultimative Geschichte erzählen, was das Thema „Entführung durch Außerirdische" betrifft. Und um dieses Ziel zu erreichen, war schnell klar, dass ein Film nicht genügend Raum bieten würde, um dieser Anforderung gerecht zu werden. Das Format einer Miniserie war es, das hierfür weit besser geeignet war und so begannen Verhandlungen mit dem Sci-Fi Channel, der sich schließlich bereit erklärte, die zehnteilige Miniserie ins Programm zu hieven.

Für die inhaltliche Umsetzung wandte Spielberg sich and en Autor Leslie Bohem, der seine Karriere mit Horrorfilmen wie **A Nightmare on Elm Street 5** begonnen und sich später an Actionfilmen wie **Dante's Peak** und **Daylight** versucht hat. Bohem nahm die Herausforderung, 15 Stunden Unterhaltung zu schreiben, mit Freude an, auch wenn er angesichts der Größe des Projekts ein wenig eingeschüchtert war.

Und „Action"

„Wir hatten ein paar falsche Anläufe, aber am Ende erkannten wir, wie wir diese Geschichte erzählen konnten." erklärte der Autor. Nachdem Bohem mit dem Schreiben aller zehn Drehbücher fertig war, ging es an die Umsetzung der insgesamt 40 Millionen Dollar teuren

Produktion. Für die Regie wollte man erfahrene und gute Leute.

Der Auftakt der Serie wurde von Horror-Profi Tobe Hooper inszeniert, aber Leslie Bohem ist schnell dabei, klarzumachen, dass man nicht nach Horror-Regisseuren per se gesucht hat.

So finden sich neben vielen Fernseherfahrenen Regisseuren auch Namen wie John Fawcett, der zuvor mit seinem herausragenden, psychologisch faszinierenden Horrorfilm **Ginger Snaps** auf sich aufmerksam gemacht hatte.

Bohem hierzu: „Die Regisseure wurden verschiedener Gründe wegen ausgewählt. Sie sind allesamt Könner ihres Fachs. Es ging auch nicht darum, dass sie Genreerfahrung hatten, sondern was zählte, war ihr Talent."

Die Besetzung

Auch bei der Besetzung ließ man sich nicht lumpen und setzte sowohl auf Newcomer als auch auf erfahrene Mimen, die mitunter im Genre schon Erfahrungen gesammelt haben. Besonders herausragend ist William Shatners Schwiegersohn Joel Gretsch, der Major Owen Crawford spielt. Er hatte schon bei **Minority Report** mitgemacht und ergatterte nach **Taken** die Hauptrolle in der thematisch verwandten Serie **The 4400**.

Als außerirdischer John ist Eric Close zu sehen, der bei **Dark Skies** auf der anderen Seite stand und auch in **Now and Again** phantastisch agierte. Weiterhin finden sich in der illustren Besetzung Michael Moriarty (**American Monster**), Desmond Harrington (**Wrong Turn**, **Ghost Ship**), Julie Benz (**Angel**), Matt Frewer (**Max Headroom**, **The Stand**), Emily Bergl (**Carrie 2- Die Rache**) und Heather Donohue (**Blair Witch Project**).

Außerdem mit dabei die kleine Dakota Fanning, die auch in Steven Spielbergs Invasionsfilm **Krieg der Welten** als Tochter von Tom Cruise zu sehen war. Abgerundet wird dieses ganze Ensemble mit zahlreichen routinierten TV-Darstellern, die in Serien wie **First Wave** (Rob LaBelle und Roger R. Cross), **Stargate SG-1** (James McDaniel) und **Andromeda** (Brent Stait) mit dabei waren.

Generationen

Das Besondere an **Taken** ist das Konzept, das immerhin sechs Jahrzehnte umfasst und dabei die Geschichte dreier Familien über drei Generationen hinweg erzählt. Damit ergibt sich eine dichte Erzählung, die langsam aufbaut, aber zum Ende hin, das schließlich über vier Folgen hinweg in der Gegenwart spielt, deutlich an Fahrt aufnimmt. Wer jedoch auf ein Actionfest oder FX-Gewitter hofft, der liegt bei **Taken** falsch. Zuallererst geht es um die Chronik dieser Familien und wie die unterschiedlich geartete Begegnung mit Außerirdischen ihr Leben verändert. Zwar gibt es auch ein paar Effekte – so etwa das abgestürzte Raumschiff oder ein paar der kleinen grauen Außerirdischen –, allerdings hält die Kamera hier nur selten lange drauf, was in zweierlei Hinsicht eine weise Entscheidung war. Zum einen sind die Effekte nicht ganz so gelungen wie etwa bei anderen Science-Fiction-Serien (**Stargate SG-1** mit seinen grauen Asgard fällt hier ein), zum anderen erhöht sich durch die spärliche Dosierung natürlich auch die Spannung.

Mitunter verlaufen die Zeitsprünge etwas rasant, nur um am Ende dann gänzlich nachzulassen. Hier wäre vielleicht etwas mehr Ausgewogenheit nicht schlecht gewesen, doch unter dem Strich bleibt **Taken** eine interessante Familienchronik, die zumindest im Fernsehbereich Steven Spielbergs Anspruch, die ultimative Geschichte um außerirdische Entführungen zu erzählen, gerecht geworden ist. Nur was das Kino angeht, bleibt ein Film nach wie vor unerreicht: Robert Liebermans **Fire in the Sky**.

In den USA wurde **Taken** im Verlauf von zehn aufeinanderfolgenden Abenden im Dezember 2002 ausgestrahlt. Hier in Deutschland musste man sich deutlich länger gedulden.

01: „Hinter dem Himmel" (OT: „Beyond the Sky")

Russell Keys wird während eines Fliegereinsatzes im Zweiten Weltkrieg von Aliens entführt. Drei Jahre, 1947, später stürzt in Roswell ein Ufo ab. Wieder wird er entführt und so entscheidet er sich, seine Familie zu verlassen, um diese zu schützen. Major Owen Crawford findet das abgestürzte UFO und setzt von nun an alles daran, das Geheimnis zu ergründen. Sally verliebt sich in einen Außerirdischen und erwartet dessen Kind.

02: „Jacob and Jesse" (OT: „Jacob and Jesse")

1958: Russells Sohn Jesse ist 13 und wird ebenfalls von den Außerirdischen entführt. Derweil findet Owen Crawford den Jacob, den Sohn von Sally, der über außergewöhnliche Geistkräfte verfügt. Er will ihn für sein eigenes Militärprojekt einspannen.

03: „Große Hoffnungen" (OT: „High Hopes")

1962: Crawford setzt alles daran, zu verhindern, dass die Regierung ihm seinen Etat für das UFO-Projekt streicht. Er stößt auf Russell und Jesse Keys, die sich bereit erklären, sich untersuchen zu lassen, da sie Klarheit darüber haben wollen, was durch diese Entführungen mit ihnen passiert ist.

04: „Härtetests" (OT: „Acid Test")

1970: Crawfords Söhne Eric und Sam treten in seine Fußstapfen, werden dabei jedoch zu skrupellosen Konkurrenten. Jesse Keys ist aus drogenabhängig aus

Vietnam zurückgekehrt. Die fortwährenden Entführungen haben ihn depressiv gemacht.

05: „Maintenance" (OT: „Maintenance")

1980: Jacob kehrt zu seiner sterbenden Mutter zurück. Er weit seinen Bruder Tom in sein Geheimnis ein. Eric Crawford macht sich an Jacobs Schwester Becky ran, die ihm schließlich ein Geheimnis verrät: Jacob lebt.

06: „Charlie und Lisa" (OT: „Charlie und Lisa")

1983: Jesse und Jacob sind tot, aber ihre Kinder leben weiter. Charlie Keys wird wie sein Vater von Außerirdischen entführt. Lisa Clarke ist schwanger und wird von der Regierung gejagt. Dr. Chet Wakeman interessiert sich für Eric Crawfords Tochter Mary und setzt das Projekt ihres Vaters fort.

07: „Gottes Gleichung" (OT: „God's Equation")

Gegenwart: Charlie ist der Vater von Allie, der außergewöhnlichen Tochter von Lisa. Dr. Wakeman und Mary Crawford wollen das Kind für ihre Forschungsprojekte missbrauchen. Doch Allie ist nicht wehrlos ...

08: „Dropping the Dishes" (OT: „Dropping the Dishes")

Gegenwart: General Beers lässt Allie entführen. Er will sie als Köder nutzen, um die Außerirdischen in eine Falle zu locken. Charlie und Lisa suchen nach dem kleinen Mädchen.

09: „John" (OT: „John")

Gegenwart: Ein Raumschiff wird abgeschossen, ist jedoch schnell wieder flugbereit. Allie kann mit ihren Eltern fliehen. Sie werden verfolgt, erhalten aber unerwartete Hilfe: die von Lisas Grovater, dem Außerirdischen John.

10: „Der Abschied" (OT: „Taken")

Gegenwart: In Texas gibt es erneuten Besuch durch Außerirdische. Allie muss die Entscheidung ihres Lebens treffen.

FILMOGRAPHIE

The Heisters
USA 1964
Regie: Tobe Hooper. Drehbuch: Tobe Hooper, Michael England. Darsteller: Tom Billups, Norris Domingue, Larry Ray.

Zehnminütiger Kurzfilm in bester Slapstick-Manier.

Eggshells
USA 1969
Regie: Tobe Hooper. Drehbuch: Kim Henkel, Tobe Hooper. Produzent: Tobe Hooper.

Einige Hippie-Studenten in Austin, Texas, ziehen in ein großes Haus im Wald. Aber dort ist schon etwas Übernatürliches beeinflusst sie alle.

The Texas Chainsaw Massacre (Blutgericht in Texas)
USA 1974
Regie: Tobe Hooper. Drehbuch: Kim Henkel, Tobe Hooper. Produzenten: Lou Peraino, Tobe Hooper. Musik: Wayne Bell, Tobe Hooper. Kamera: Daniel Pearl. Schnitt: Larry Carroll, Sallye Richardson.
Darsteller: Marilyn Burns, Allen Danziger, Paul A. Partain, William Vail, Teri McMinn, Edwin Neal, Jim Siedow, Gunnar Hansen, John Dugan

Ein paar Jugendliche sind mit dem VW-Bus unterwegs und fahren quer durch Texas. Sie gabeln einen Anhalter auf, der sich bald als echter Psychopath erweist. Doch das ist erst der Anfang, denn die jungen Leute stoßen auf die

Saw-Family – und schon bald machen sie mit der Kettensäge von Leatherface Bekanntschaft.

Eaten Alive (Blutrausch)
USA 1977
Regie: Tobe Hooper. Drehbuch: Kim Henkel, Alvin L. Fast, Mardi Rustam. Produzent: Mardi Rustam. Musik: Wayne Bell, Tobe Hooper. Kamera: Robert Caramico. Schnitt: Michael Brown.
Darsteller: Neville Brand, Mel Ferrer, Carolyn Jones, Marilyn Burns, William Finley, Stuart Whitman, Roberta Collins, Kyle Richards, Robert Englund, Crystin Sinclaire, Janus Blythe, Betty Cole

Judd leitet das Starlight Hotel, das mitten in einer Sumpfgegend liegt. Und er hat ein ganz exquisites Hobby. Er hält sich ein Krokodil, dem er so gut wie alles vorwerfen kann, auch seine Gäste. Das müssen eine Ex-Prostituierte, eine glücklose Familie und der Vater und die Schwester der Bordsteinschwalbe auf hässliche Art und Weise feststellen.

Salem's Lot (Brennen muss Salem)
USA 1979
Regie: Tobe Hooper. Drehbuch: Paul Monash. Produzent: Richard Kobritz. Musik: Harry Sukman. Kamera: Jules Brenner. Schnitt: Tom Pryor, Carroll Sax.
Darsteller: David Soul, James Mason, Lance Kerwin, Bonnie Bedelia, Lew Ayres, Julie Cobb, Elisha Cook Jr., George Dzundza, Ed Flanders, Clarissa Kaye-Mason, Geoffrey Lewis.

Der Schriftsteller Ben Mears kehrt in seine Heimat, das Städtchen Salem's Lot zurück. Doch dort geht schon längst nicht mehr alles mit rechten Dingen zu. Seit der geheimnisvolle Mr. Straker mit seinem Diener Mr.

Barlow im Marsten-Haus eingezogen ist, verschwinden die Menschen. Mears entwickelt bald eine schreckliche Theorie: Straker ist ein Vampir.

The Funhouse (Kabinett des Schreckens)

USA 1981
Regie: Tobe Hooper. Drehbuch: Lawrence Block. Produzenten: Steven Bernhardt, Derek Power. Musik: John Beal. Kamera: Andrew Laszlo. Schnitt: Jack Hofstra.
Darsteller: Elizabeth Berridge, Shawn Carson, Jeanne Austin, Jack McDermott, Cooper Huckabee, Largo Woodruff, Miles Chapin, David Carson, Sonia Zomina, Ralph Morino, Kevin Conway, Herb Robins, Mona Agar, Wayne Doba.

Vier Jugendliche verbringen die Nacht auf einem Rummelplatz. Dabei treffen sie auf einen entstellten Irren, der eine Frau ermordet und schließlich auch auf sie Jagd macht. Die Mutprobe auf dem Rummelplatz verläuft für die meisten von ihnen tödlich.

Poltergeist (Poltergeist)
USA 1982
Regie: Tobe Hooper. Drehbuch: Steven Spielberg, Mark Grais, Mark Victor. Produzenten: Frank Marshall, Steven Spielberg. Musik: Jerry Goldsmith. Kamera: Matthew F. Leonetti. Schnitt: Michael Khan.
Darsteller: Craig T. Nelson, JoBeth Williams, Beatrice Straight, Dominique Dunne, Oliver Robins, Heather O'Rourke, Michael McManus, Virginia Kiser, Martin Casella, Richard Lawson, Zelda Rubinstein.

Auf dem Anwesen der Familie Freeling geschehen merkwürdige Dinge. Ein Poltergeist geht um und die kleine Carol Anne bemerkt ihn zuerst. Man holt schließlich die Okkultistin Tangina Barrons hinzu, doch auch sie kann das Haus, das auf einem Friedhof errichtet wurde, nicht reinigen. Die Freelings fliehen …

Lifeforce (Lifeforce – Die tödliche Bedrohung)
USA 1985
Regie: Tobe Hooper. Drehbuch: Dan O'Bannon, Don Jakoby. Produzenten: Yoran Globus, Menahem Golan. Musik: Henry Mancini. Kamera: Alan Hume. Schnitt: John Grover.
Darsteller: Steve Railsback, Peter Firth, Frank Finlay, Mathilda May, Patrick Stewart, Nicholas Ball, Nancy Paul.

Auf einer Weltraummission wird ein außerirdisches Raumschiff entdeckt, in dessen Inneren sich gläserne Sarkophage befinden. Diese werden auf die Erde gebracht, wo die sich in dem Sarg befindliche Frau erwacht. Sie ist ein Space-Vampir, der den Menschen die Lebenskraft raubt und diese dadurch in ihresgleichen verwandelt. Der Vampir-Virus verbreitet sich wie ein Lauffeuer.

Invaders from Mars (Invasion vom Mars)
USA 1986
Regie: Tobe Hooper. Drehbuch: Dan O'Bannon, Don Jakoby. Produzenten: Yoran Globus, Menahem Golan. Musik: Sylvester Levay, Christopher Young, David Storrs. Kamera: Daniel Pearl. Schnitt: Alain Jabubowicz.
Darsteller: Karen Black, Hunter Carson, Timothy Bottoms, Laraine Newman, James Karen, Bud Cort, Louise Fletcher, Eric Pierpoint

Ein Junge bemerkt, dass eine Invasion vom Mars stattfindet, doch diese läuft so subtil ab, dass niemand dem Kind Glauben schenken will. Die Außerirdischen übernehmen immer mehr Menschen, darunter auch die

Eltern des Jungen. Nun liegt es an ihm, jemanden zu finden, der ihm Glauben schenkt.

The Texas Chainsaw Massacre 2

USA 1986
Regie: Tobe Hooper. Drehbuch: L.M. Kit Carson.
Produzenten: Yoran Globus, Menahem Golan. Musik:
Tobe Hooper, Jerry Lambert. Kamera: Richard Kooris.
Schnitt: Alain Jabubowicz.
Darsteller: Dennis Hopper, Caroline Williams, Jim
Siedow, Bill Moseley, Bill Johnson, Ken Evert, Harlan
Jordan, Kirk Sisco, James N. Harrell.

Die Radiomoderatorin Vantia Block wird vom Fleck weg
von der Saw-Family entführt, nachdem sie praktisch live
mitgehört hat, wie zwei junge Leute zersägt wurden. Sie
ist das neue Opfer der grauenhaften Mörderfamilie. Doch
sie ist nicht alleine, denn Sheriff Enright jagt der irren
Familie hinterher. Er will sich an ihnen rächen – und hat
seine eigenen Kettensägen mitgebracht.

Spontaneous Combustion (Fire Syndrome)
USA 1990
Regie: Tobe Hooper. Drehbuch: Howard Goldberg, Tobe
Hooper. Produzent: Jim Rogers. Musik: Graeme Revell.
Kamera: Levie Isaacks. Schnitt: David Kern.
Darsteller: Brad Dourif, Cynthia Bain, Jon Cypher,
William Prince, Melinda Dillon, Dey Young, Tegan
West, Michael Keys Hall, John Landis.

Der junge Mann Sam findet heraus, dass seine Eltern
kurz vor seiner Geburt einem Experiment unterzogen
wurden, das Radioaktivität beinhaltete. Dies hat
verheerende Auswirkungen auf Sam und die Menschen in
seiner Umgebung.

I'm Dangerous Tonight (Im Banne des Grauens)

USA 1990
Regie: Tobe Hooper. Drehbuch: Bruce Lansbury, Philip John Taylor. Produzenten: Bruce Lansbury, Philip John Taylor. Musik: Nicholas Pike. Kamera: Levie Isaacks. Schnitt: Carl Kress
Darsteller: Mädchen Amick, Corey Parker, Daisy Hall, R. Lee Ermey, Natalie Schafer, Jason Brooks, William Berger, Mary Frann, Dee Wallace-Stone, Anthony Perkins, Lew Horn, Stuart Fratkin, Dan Leegant, Jack McGee.

Ein altes aztekisches Stoffstück, das einen Fluch mit sich bringt, gerät in den Besitz einer jungen Frau, die sich daraus ein Kleid schneidert. Wann immer sie es anzieht, ist sie fortan nicht mehr sie selbst – und alle Moral ist vergessen.

Night Terrors (Tobe Hooper's Living Nightmare)
USA 1993
Regie: Tobe Hooper. Drehbuch: Rom Globus, Daniel Matmor. Produzent: Harry Allan Towers. Musik: Dov Seltzer. Kamera: Amnon Salomon. Schnitt: Alain Jabubowicz.
Darsteller: Robert Englund, Zoe Trilling, Alona Kimhi, Juliano Mer, Chandra West, William Finley, Irit Sheleg, Niv Cohen, Doron Barbi, David Menachem, Jonathan Cherchi, Howard Ripp, Zachi Noy.

Die junge Frau Genie reist nach Kairo, um dort ihren Vater zu besuchen, wird jedoch in die Machenschaften eines sadomasochistischen Kults hineingezogen, der von dem charismatischen Paul Chevalier, einem Nachkommen von Marquis de Sade, geführt wird.

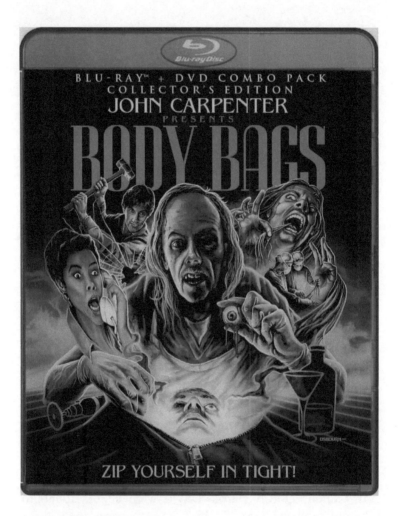

Body Bags (Body Bags)
USA 1993
Regie: John Carpenter, Tobe Hooper. Drehbuch: Billy
Brown, Dan Angel. Produzenten: John Carpenter, Sandy
King, Dan Angel. Musik: John Carpenter, Jim Lang.
Kamera: Gary B. Kibbe. Schnitt: Edward Warschilka.

Darsteller: John Carpenter, Tom Arnold, Tobe Hooper, Robert Carradine, Alex Datcher, Peter Jason, Molly Cheek, Wes Craven, Sam Raimi, David Naughton, George 'Buck' Flower, Lucy Boryer, Roger Rooks, Stacy Keach, David Warner, Sheena Easton, Dan Blom, Gregory Nicotero, Deborah Harry, Mark Hamill, Twiggy, John Agar, Roger Corman, Charles Napier.

Ein Episodenfilm, bei dem nur die dritte Geschichte "The Eye" von Tobe Hooper ist. Brent Matthews bekommt ein neues Auge eingesetzt, doch fortan fühlt er merkwürdige Mordtendenzen und hegt den Verdacht, dass das Auge einstmals einem Killer gehörte.

The Mangler (The Mangler)
USA 1995
Regie: Tobe Hooper. Drehbuch: Stephen David Brooks, Tobe Hooper, Harry Allan Towers. Produzent: Annant Singh. Musik: Barrington Pheloung. Kamera: Amnon Salomon. Schnitt: David Heitner.
Darsteller: Robert Englund, Ted Levine, Daniel Matmor, Jeremy Crutchley, Vanessa Pike, Demetre Phillips, Lisa Morris, Vera Blacker, Ashley Hayden, Danny Keogh.

In einer Wäschefirma passiert ein Unfall mit der Wäschemangel – ein Mann stirbt. Detective John Huston untersucht den Fall und trifft auf den alten Firmenbesitzer Bill Gartley, der etwas Eigenartiges ausströmt. Und noch eigenartiger ist, dass die Wäschemangel ein Eigenleben und eine Gier nach menschlichem Fleisch entwickelt.

The Apartment Complex (The Apartment Complex)
USA 1999
Regie: Tobe Hooper. Drehbuch: Karl Schaefer. Produzenten: Gil Wadsworth, Scott McAboy. Musik: Mark Adler. Kamera: Jacques Haitkin. Schnitt: Allison Jones.
Darsteller: Chad Lowe, Fay Masterson, Obba Babatundé, Patrick Warburton, Amanda Plummer, Ron Canada, Miguel Sandoval, Jon Polito, R. Lee Ermey, Charles Martin Smith.

Stan wird der Manager eines Apartmenthauses, doch der Job ist nicht so leicht wie erwartet, denn die Bewohner sind allesamt sehr exzentrisch. Der vorherige Manager ist auf mysteriöse Weise verschwunden und als Stan den Pool reinigt, findet er eine Leiche. Die Detectives, die den Fall untersuchen, scheinen ihn für den Täter zu halten.

Crocodile (Crocodile)
USA 2000
Regie: Tobe Hooper. Drehbuch: Jace Anderson, Adam Gierasch, Michael D. Weiss. Produzenten: Boaz Davidson, Danny Lerner, Frank DeMartini. Musik: Serge Colbert. Kamera: Eliot Rockett. Schnitt: Alain Jabubowicz, Andy Horvitch.
Darsteller: Mark McLachlan, Caitlin Martin, Chris Solari, D.W. Reiser, Julie Mintz, Sommer Knight, Rhett Wilkins, Greg Wayne, Harrison Young.
Acht Teenager unternehmen eine Bootsfahrt in einem entlegenen Teil von Südkalifornien. Sie finden ein Nest mit außergewöhnlich großen Eiern und vernichten diese. Doch sie konnten nicht ahnen, dass dies die Brut eines

unglaublich großen Salzwasserkrokodils war, das nun nach Rache dürstet.

Toolbox Murders (Toolbox Murders)
USA 2004
Regie: Tobe Hooper. Drehbuch: Jace Anderson, Adam
Gierasch. Produzenten: Tony DiDio, Terence S. Potter,
Jacqueline Quella. Musik: Joseph Conlan. Kamera: Steve
Yedlin. Schnitt: Andrew Cohen.
Darsteller: Angela Bettis, Brent Roam, Marco Rodriguez,
Rance Howard, Juliet Landau, Adam Gierasch, Sara
Downing, Charlie Paulson, Eric Ladin, Sheri Moon.

Die junge Lehrerin Nell und ihr Mann Steve ziehen in ein
altes Gebäude ein, das vor vielen Jahrzehnten wirklich
glamourös war. Über die Jahre sind dort auch immer
wieder Menschen verschwunden. Während Steve im
Krankenhaus arbeitet, hört Nell merkwürdige Geräusche
und schon bald verschwindet ihre Nachbarin Julia. Nell
glaubt, dass etwas nicht mit rechten Dingen zugeht. Und
sie hat Recht, denn eine abartige Kreatur haust in dem
alten Anwesen.

Mortuary (Mortuary)
USA 2005
Regie: Tobe Hooper. Drehbuch: Jace Anderson, Adam
Gierasch. Produzenten: Tony DiDio, E.L. Katz, Peter
Katz, Alan Somers. Musik: Joseph Conlan. Kamera:
Jaron Presant. Schnitt: Andrew Cohen.
Darsteller: Dan Byrd, Denise Crosby, Stephanie Patton,
Alexandra Adi, Rocky Marquette, Courtney Peldon, Bug
Hall, Tarah Paige, Michael Shamus Wiles, Adam
Gierasch.

Die Familie Doyle zieht in eine kalifornische Kleinstadt,
um dort ein neues Leben zu beginnen. Leslie Doyle

arbeitet als Bestatterin im Fowler Brothers Funeral Home, einem Platz, den die Einheimischen am liebsten meiden. Und tatsächlich geht etwas Schreckliches in und um das Haus herum vor. Etwas, das Menschen in seinen Besitz nimmt und sie verändert. Und lang verrottete Leichname sich aus den Gräbern erheben lässt …

Djinn (Djinn – Des Teufels Brut)
Vereinigte Arabische Emirate 2013
Regie: Tobe Hooper. Drehbuch: David Tully. Darsteller: Khalid Laith, Razane Jammal, Aiysha Hart, Carole Abboud, Paul Luebke.

New York City: Seit dem Tod ihres Kindes hat Khalids Frau Salama schwere psychologische Probleme. Ein Psychologe rät Khalid dringend, den Job, den man ihm in den Vereinigten Arabischen Emiraten angeboten hat, anzunehmen, damit seine Frau nahe bei ihrer Familie sein kann. Sie kommen in Abu Dhabi an und beziehen ein Appartement im Al-Hamra-Tower. Salamas Mutter macht sich Sorgen, denn das Gebäude steht auf dem Boden eines ehemaligen Dorfs, das von Djinns heimgesucht worden ist. Es dauert nicht lange und Salama ist überzeugt, dass ein Djinn ihr nachstellt. Ein Djinn, der den wahren Grund für den Tod ihres Babys kennt …

AIYSHA HART RAZANE JAMMAL AHD KHALID LAITH KRISTINA COKER
EIN FILM VON TOBE HOOPER
(POLTERGEIST, TEXAS CHAINSAW MASSACRE)
DES TEUFELS BRUT
DJINN
FSK ab 18
TOBE HOOPER
DVD VIDEO

Printed in Poland
by Amazon Fulfillment
Poland Sp. z o.o., Wrocław

33663571R00081